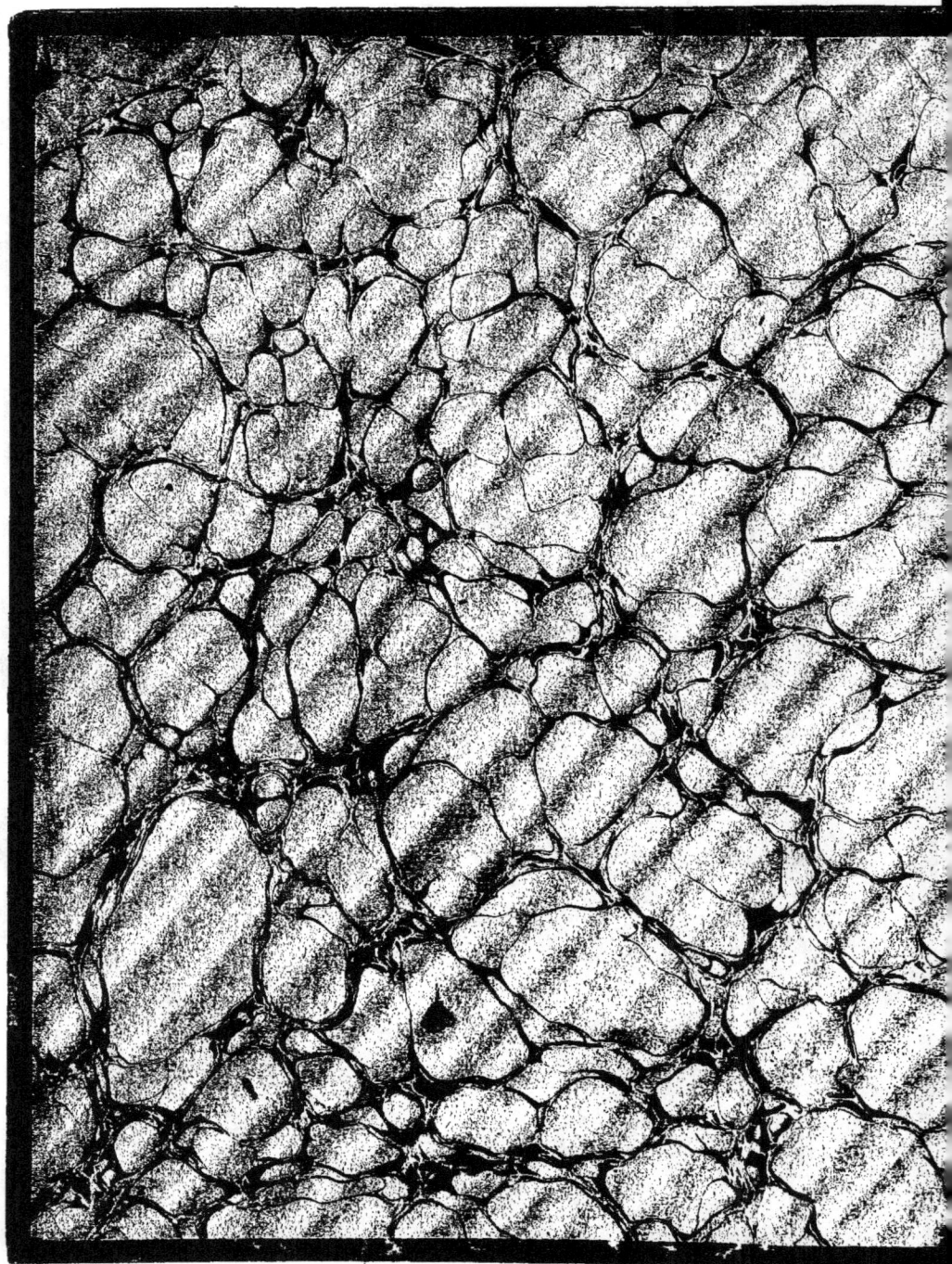

DOCUMENTS

SUR

LA VILLE DE ROYAN

ET

LA TOUR DE CORDOUAN

1481-1799

RECUEILLIS PAR

GUSTAVE LABAT

Membre et ancien président de la Société des Archives historiques de la Gironde, etc.

TROISIÈME RECUEIL

BORDEAUX

IMPRIMERIE G. GOUNOUILHOU

11, — RUE GUIRAUDE, — 11

1894

ROYAN

ET LA

TOUR DE CORDOUAN

Tire à cent exemplaires.

N°

DOCUMENTS

SUR

LA VILLE DE ROYAN

ET

LA TOUR DE CORDOUAN

1481-1799

RECUEILLIS PAR

GUSTAVE LABAT

Membre et ancien président de la Société des Archives historiques de la Gironde, etc.

TROISIÈME RECUEIL

BORDEAUX

IMPRIMERIE G. GOUNOUILHOU

11, — RUE GUIRAUDE, — 11

1894

Tiro à cent exemplaires.

Nº

DOCUMENTS

SUR

LA VILLE DE ROYAN

ET

LA TOUR DE CORDOUAN

1481-1799

RECUEILLIS PAR

GUSTAVE LABAT

Membre et ancien président de la Société des Archives historiques de la Gironde, etc.

TROISIÈME RECUEIL

BORDEAUX

IMPRIMERIE G. GOUNOUILHOU

11, — RUE GUIRAUDE, — 11

1894

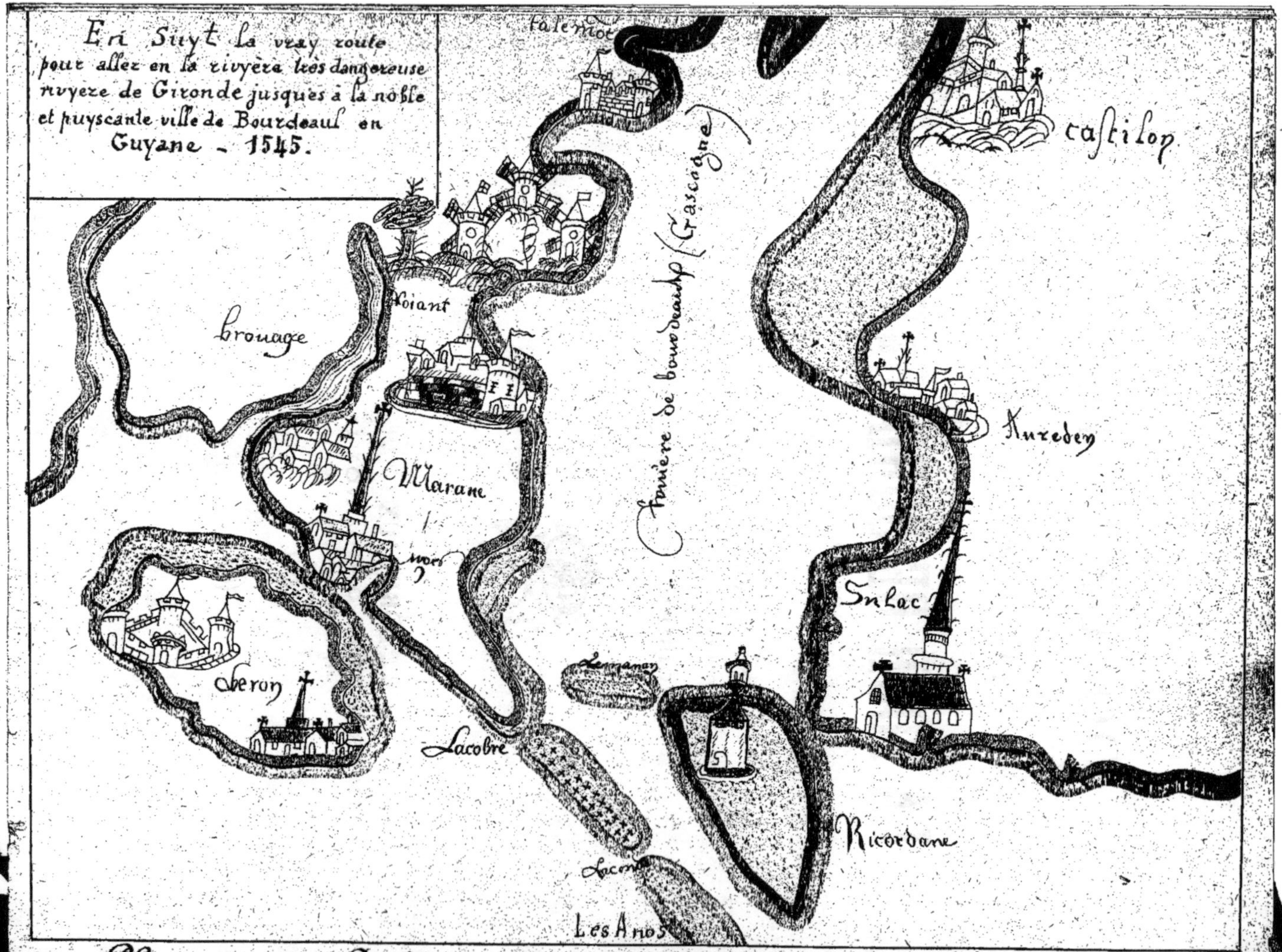

En Suyt la vray route pour aller en la riviere Les dangereuse rivyere de Gironde jusques à la noble et puyssante ville de Bourdeaul en Guyane ~ 1545.

castilop

Auzedeg

Sulac

Ricordane

Jauere de boucaoult (Gascogne)

Taleyrot

Lacobre

Les Anos

Adiant

Marane

brouage

Oberon

INTRODUCTION

> » Pendant six mois de séjour que nous fîmes sur
> » cette plage, notre contemplation ordinaire, je dirai
> » presque notre société habituelle, était Cordouan...
> » Au soir, quand il allumait brusquement sa rouge
> » lumière et lançait son regard de feu, il semblait un
> » inspecteur zélé, qui surveillait les eaux, pénétré
> » et inquiet de sa responsabilité. »
>
> (J. MICHELET, *La Mer*.)

I

Jules Delpit, l'érudit fondateur des *Archives historiques de la Gironde,* dont le monde savant déplore la perte [1], disait dans le bienveillant article consacré à l'examen-critique de notre deuxième recueil, dans le journal *la Gironde,* du 10 avril 1888 :

« Ce parti pris de ne réunir que des documents semble imposer à l'auteur l'obligation de publier un troisième et même un quatrième recueil, etc. »

Nous le reconnaissons de bonne grâce et nous nous inclinons devant le jugement de notre regretté maître et ami ; mais nous croyons au-dessus de nos forces de faire l'histoire de Royan et de Cordouan, et nous pensons qu'il est sage de nous renfermer, pour cette troisième publication (vraisemblablement la dernière), dans le cercle modeste du titre choisi pour ses deux aînées.

Nous répondrons, en commençant, à une observation qui nous

[1] Mort à Izon (Gironde) le 25 mars 1892. Lire en tête du XXVIIᵉ volume des publications de la Société des Archives historiques de la Gironde la très intéressante biographie de ce savant et sa bibliographie aussi complète que possible.

a été faite, et rectifierons aussi et augmenterons quelques notes de notre second recueil.

En appelant Cordouan le Doyen des Phares, nous avons voulu dire que c'était le plus ancien phare des temps modernes; car non seulement nous sommes convaincu que la première tour construite sur les rochers de Cordouan est postérieure au xiiᵉ siècle, mais encore, sans remonter aux phares d'Alexandrie, de Rhodes, de Cadix, d'Ostie, de Tyr, etc., etc., nous savons fort bien qu'en France, la tour d'Ordre ou plutôt d'Orde, qui éclairait la Manche à Boulogne, en Picardie, était de beaucoup plus ancienne que Cordouan. On en a facilement la preuve en lisant la remarquable étude de ce monument publiée par Egger, de l'Institut, dans la *Revue archéologique;* le manuscrit de l'abbé Bellet, que possède la Bibliothèque de Bordeaux (3, nº 161), donne l'année 811 comme date de la construction de la tour d'Orde par Charlemagne; mais d'après M. Léon Renard, bibliothécaire du ministère de la marine, le grand empereur l'aurait simplement réparée.

La note nº 37, sur Brouage (¹), sera complétée par un fait d'une grande importance pour l'histoire de notre marine militaire (²) :

C'est à Brouage (a écrit le vice-amiral Jurien de La Gravière) que fut armée, à l'occasion de la guerre déclarée, le 19 mai 1635, par le Roi de France à l'Espagne, *la Couronne,* le premier vaisseau de ligne qu'ait possédé la France.

La Couronne avait été construite dans la Vilaine, à La Roche-

---

(¹) Samuel de Champlain, l'immortel fondateur de la colonisation au Canada; Marie de Mancini, qui faillit un moment devenir reine de France; que de souvenirs rappelle cette petite ville de Brouage, abandonnée depuis plus d'un siècle et dont les remparts plantés d'ormeaux magnifiques émergent au-dessus des marais salants, en face de l'île d'Oléron !

(²) Izaac de Razilly, commandeur de Malte et chef d'escadres des vaisseaux du Roi, peut revendiquer une grande part dans la création de notre marine sous Richelieu. Le 26 novembre 1626, de Razilly adressa au cardinal un mémoire, qui existe à la Bibliothèque Sainte-Geneviève, et qui contient le germe de la plupart des institutions de la marine, telles que Richelieu les a inaugurées et telles que Colbert devait les consacrer dans la grande ordonnance de Louis XIV.

Bernard, par le sieur Morieu, de Dieppe. C'était un navire de 1,800 tonneaux, offrant, par conséquent, à peu de choses près, le déplacement de nos vaisseaux de 74 canons; deux forêts de M. de Rohan avaient, disait-on, été employées à le bâtir.

Quand il prit la mer, il étonna tous les marins par la rapidité de sa marche et par la facilité de ses évolutions.

La construction de ce bâtiment, ajoute le savant amiral, marque un immense progrès dans l'architecture navale [1].

Nous rectifierons ainsi la note n° 86, sur Vaux-en-Mer :

Abbaye royale, dont le dernier titulaire était : Élie-François-Dominique-Castin de Guérin de la Madeleine, vicaire général et chanoine de Saintes, qui fut fusillé à Quiberon.

Nous remercions M. Louis Audiat, le savant président de la Société des Archives historiques de la Saintonge et de l'Aunis, de l'article qu'il a publié sur notre deuxième recueil, dans le *Bulletin* (VIII-353) de la Société, qui nous permet de faire cette rectification et de compléter aussi la note, n° 125, sur l'ingénieur Pierre Toufaire, par des extraits empruntés à la remarquable biographie de ce célèbre ingénieur du XVIIIᵉ siècle, par M. Philippe Rondeau (*Bulletin*, IV-366.)

Pierre Toufaire, hélas! trop oublié de nos jours, naquit à Châteaudun, le 4 décembre 1739, d'un modeste entrepreneur sans fortune; il se forma seul, et, comme Teulère et tant d'autres hommes éminents, il dut travailler beaucoup, car, sans qu'on sache ce qu'il devint dans le temps intermédiaire, on le rencontre à l'âge de trente-quatre ans au service de l'État, en qualité d'ingénieur des bâtiments civils, attaché au port de Rochefort.

Toufaire habita Bordeaux pendant quelques années (1770 à 1773); il y fut chargé, comme on le verra par la lecture des documents contenus dans ce volume, de la surveillance des travaux d'entretien

[1] Le vice-amiral Jurien de La Gravière, membre de l'Académie française, *Les Marins du* XVᵉ *et du* XVIᵉ *siècle*, tome II, page 330.

de la tour de Cordouan, dont l'entrepreneur Tardy avait l'adjudication pour neuf années, depuis le 20 octobre 1769.

C'est Toufaire qui créa l'usine d'Indret, près Nantes (1777 à 1779), sous le ministère de M. de Sartine ([1]); — puis le Creusot, à Montcenis, à quelques kilomètres d'Autun, dont les travaux commencèrent le 25 août 1782; — sous M. de Castries ([2]), il éleva le magnifique hôpital de la Marine de Rochefort; sa construction dura du 6 février 1783 au milieu de l'été de 1788; M. le comte de La Luzerne ([3]) avait, depuis deux ans, succédé à M. le marquis de Castries au ministère de la marine.

Toufaire fut encore chargé de la transformation de la fonderie de Ruelle.

Appelé, le 1er février 1794, au poste d'Ingénieur en chef du port de la Montagne (Toulon), Toufaire mourut dans cette ville le 3 septembre de la même année (17 fructidor an II).

Nous recommandons à nos lecteurs l'intéressante étude de M. Philippe Rondeau, ancien conseiller à la Cour d'appel de Poitiers, dont nous ne donnons qu'un aperçu très sommaire.

II

De nouvelles et patientes recherches à la Bibliothèque nationale et au dépôt des Archives, à Paris, nous ont fait trouver quelques documents curieux; l'un d'eux est un opuscule de toute rareté, publié à Lyon en 1664 et dédié au « Très illustre et très honoré

([1]) Sartine (Ant.-Raym.-J.-Gualbert-Gabr. de), comte d'Alby, administrateur, né à Barcelone le 12 juillet 1729; mort à Tarragone le 7 septembre 1801.

Il fut successivement lieutenant criminel au Châtelet (1755); lieutenant général de police (1759-1774); conseiller d'État (1767); ministre de la marine (1774); ministre d'État (1775). Des irrégularités de comptabilité le firent destituer le 14 octobre 1780, avec une gratification de 150,000 livres et une pension de 70,000 livres; il émigra dès le commencement de la Révolution.

([2]) Castries (marquis de). Voir la note 120 de notre deuxième recueil.

([3]) La Luzerne (comte de). Voir la note H de l'introduction du même recueil.

D. Claude Pellot, conseiller d'État, maître des Requêtes, intendant-gouverneur de l'Aquitaine, etc. ». Ce petit volume est composé d'un certain nombre de pièces de vers latins improvisés par des RR. PP. Jésuites du collège de Lyon, en l'honneur de la construction de la tour de Cordouan. Nous devons la copie de ce précieux recueil, dont l'existence nous avait été signalée par M. Jules Delpit (que ne savait-il pas?) à l'obligeance de M. Léopold Delisle, membre de l'Institut, l'éminent administrateur de la Bibliothèque nationale.

Le dépôt des Archives de la marine au magasin des vivres de Bacalan nous a fourni, entre autres documents intéressants, les plans et devis originaux des tours du Chay et de Terre-Nègre, construites en 1770 par Claude Tardy, maître architecte de Bordeaux, y demeurant aux Chartrons, rue Royale, paroisse Saint-Rémy. Nous publions en partie ces pièces, pensant être agréable à ceux qui nous liront; car en est-il un qui, en villégiature à Royan, n'ait visité ces deux tours jumelles, but de charmantes excursions matinales quand, à l'ombre des yeuses et des haies de rosiers sauvages, on cherche en face de Cordouan ces belles algues multicolores, dont la mer sauvage de Gascogne couvre les grèves et les roches depuis Royan jusqu'à la côte inhospitalière d'Arvert?

Nous avons puisé dans le fond de la Chambre de commerce, aux Archives de la rue d'Aviau, les documents intéressant Cordouan, mis obligeamment à notre disposition par M. Auguste Brutails, le jeune et savant archiviste du département de la Gironde; enfin, nous avons complété, grâce à la complaisance de notre ami M. Ducaunnès-Duval, le nouvel archiviste de la ville de Bordeaux, la série de ces documents en y ajoutant une dizaine de pièces du dépôt des Archives municipales, quelques-unes inédites, que nous n'avions pu jusqu'à ce jour consulter, malgré de pressantes sollicitations.

Avant de commencer la publication de la nouvelle suite de documents que nous avons préparés, nous tenons beaucoup à préciser un fait, toujours affirmé sur la foi de la légende et perpétué complaisamment par elle, nous voulons parler de l'époque où fut bâtie la première tour de Cordouan.

On a cité les Sarrasins, le IXe siècle, Charlemagne, Louis le Débonnaire, etc.; rien n'est moins exact, rien n'est moins prouvé.

M. Philippe Tamizey de Larroque, l'infatigable érudit, qui déjà, en 1864, dans sa remarquable notice sur Louis de Foix et la tour de Cordouan, ne trouvait pas le *terrain solide* et faisait bon marché de Charlemagne et de son fils, a publié depuis, dans le numéro de la *Revue catholique* du 25 février 1891, un document qui nous semble trancher complètement la question. Cette importante pièce, ignorée de tous ceux, sans exception [1], qui se sont occupés de la célèbre tour, est tirée du *Recueil des Chartes de l'abbaye de Cluny*, publié par Alexandre Bruel. (Paris, Imprimerie nationale, 1888, page 101.)

Le document signalé par le savant correspondant de l'Institut est d'autant plus précieux qu'il éclaire un point jusque-là très obscur de l'histoire de Cordouan. En effet, en parlant de l'occupation de l'îlot de Cordouan par deux religieux : Étienne, abbé de Saint-Rigaud, et frère Erménaud, prieur du même lieu, auxquels se joignit bientôt un moine de Cluny, nommé Guillaume, il n'est nullement question que l'îlot fût habité antérieurement à l'année 1088 et qu'il y existât *une tour ou construction quelconque*, bien au contraire, puisque ces religieux choisirent cet îlot *sauvage et désolé* pour se retirer du monde.

La première tour serait donc, jusqu'à preuve du contraire, celle que fit élever, deux siècles plus tard, de 1360 à 1371, le Prince Noir pour la sûreté de la navigation et les besoins du commerce de la Guyenne avec l'Angleterre [2].

[1] M. l'abbé Mezuret, curé du Nouveau Soulac, en connaissait le texte latin, qu'il a cité dans son livre de Sainte Véronique. (*Notre-Dame-de-Soulac ou de la Fin-des-Terres.* Lesparre, J. Rivet, imp.-libraire, 1865, p. 29.)

[2] Le fait d'une première tour construite par Charlemagne sur les rochers de Cordouan est donc essentiellement fantaisiste; le document sur lequel on s'est appuyé

Ainsi s'effondrent toutes ces légendes, notamment celle par trop naïve pour les marins et ceux qui ont entendu comme nous le bruit terrible que fait la mer dans les *baptnres* (¹) de Cordouan, même en temps ordinaire; de gens qui, sous Louis le Débonnaire, donnaient du cor dans les nuits de grande tempête pour attirer l'attention des mariniers!!

III

On ne peut s'occuper de Cordouan sans être entraîné à dire quelques mots de notre beau fleuve.

La Garonne, *Garumna, Garuna, Garunna,* conservait son nom au temps de Strabon jusqu'à la mer.

Mela, d'ordinaire si concis, nous donne de précieux détails sur ce fleuve... A son embouchure, dit-il, est l'île d'Antros. D'Anville (*Notice de la Gaule,* 70-71) ne pense pas qu'il s'agisse ici du rocher insignifiant sur lequel a été construite la tour de Cordouan, *turris Cordubana,* dont Valois (*Notitia,* p. 223) fait remonter la première origine *aux invasions des Sarrasins de Cordoue* (²).

Les plus anciens documents relatifs à la rivière de Bordeaux ne remontent pas au delà du xviᵉ siècle.

La figure placée en tête de notre introduction est la copie d'un plan de cette rivière en 1545, tirée d'un manuscrit de la Bibliothèque nationale, intitulé : *Cosmographie,* par Jehan Allefonsce et Paulin Secalart.

pour essayer de démontrer qu'il en est autrement, est celui que nous avons reproduit dans notre deuxième recueil (nᵒ 1, p. 1. Bordeaux, imprimerie Gounouilhou, 1888), en ayant soin, bien entendu, de l'accompagner en note de l'opinion que nous en avait donnée le savant administrateur de la Bibliothèque nationale, M. Léopold Delisle, membre de l'Institut.

(¹) On appelle *baptures* les bancs de rochers de Cordouan, contre lesquels battent les lames, presque toujours furieuses, de l'Atlantique; c'est, croyons-nous, un mot saintongeais, car il ne figure pas dans le *Glossaire nautique* de Jal.

(²) *Géographie de la Gaule romaine,* par E. Desjardins, de l'Institut (t. I, p. 145).

2

Cet ouvrage donne quelques indications sur l'état de la Gironde à cette époque; en voici le résumé pour ce qui intéresse Cordouan : « Il y avait à l'entrée de la rivière une petite île tout environnée de rochers, sur laquelle se trouvait une haute tour [1], située par 46 degrés de la hauteur du pôle arctique.

» Au N.-O. et à l'O.-N.-O. de cette tour, des bancs de sable dangereux s'avançaient de près de deux lieues en mer; ces bancs ou baptures étaient appelés *les Asnes*. »

Plus de cent ans après, paraissait le *Petit Flambeau de la mer ou le Véritable Guide des pilotes côtiers*, etc., etc., dont l'auteur était le sr Bongard, lieutenant sur les vaisseaux du Roy.

Les cartes dressées par les Hollandais; celles de Cassini, 1744; de l'ingénieur Magen, 1752; celles faisant partie du *Recueil des cartes maritimes de France*, de Brion, ingénieur hydrographe du Roy, 1757; celles de Rizzizannoni (le *Petit Neptune français*), 1763; puis les cartes de Belleyme, 1791; de Teulère, 1800; de Beautemps-Baupré, le *Pilote français*, 1826; jusqu'aux cartes les plus récentes, accusent des différences très sensibles dans la configuration des côtes océaniques et dans la forme et la situation des bancs de rochers et de sable; le cadre restreint de ce travail, essentiellement consacré à Cordouan et à Royan, ne nous permet pas d'en rechercher et indiquer les causes, sujet qu'ont, du reste, traité, avec l'autorité de la science, M. Bouquet de La Grye et les autres ingénieurs hydrographes de la marine française.

Nous n'oublierons pas de signaler, au premier rang, les travaux de M. Hautreux, lieutenant de vaisseau, ancien directeur des mouvements du port de Bordeaux. Cet officier distingué a publié dans les *Actes de l'Académie de Bordeaux*, dont il est membre, le résultat de ses recherches sur les origines du nom de Cordouan, Cordoan et Cordan donné à l'îlot où est construit le célèbre phare [2].

[1] Celle du Prince Noir.
[2] Dans la mappemonde des frères Pizzigani de l'an MCCCLXVII, dont l'original existe

Reclus, dans le tome II de la *Nouvelle Géographie universel:e* (*la France*, p. 106), s'exprime ainsi sur les changements que présente l'entrée de la Gironde :

« L'exemple le plus remarquable de l'amoindrissement des roches est fourni par l'écueil qui porte le beau phare de Cordouan.

» De nos jours, l'écueil est complètement recouvert à marée haute; on ne peut y aborder qu'aux heures de reflux, et l'îlot de rochers, de sable et de fucus qui entoure alors le puissant soubassement du phare n'a qu'une faible étendue.

» A la fin du XVIᵉ siècle, lorsque l'architecte Louis de Foix travaillait à la reconstruction de la tour, l'île était assez grande et assez haute pour qu'on pût y installer le village temporaire des ouvriers.

» Et tandis que l'île rocheuse se rapetissait peu à peu, le littoral de la grande terre, de plus en plus entamé, s'éloignait du phare; en 1630, la péninsule de Grave n'était qu'à 5 kilomètres de Cordouan, elle en est à 7 de nos jours. »

Nous ne connaissons qu'une reproduction exacte de la tour bâtie au XIVᵉ siècle par le Prince Noir, et que nous considérons (nous l'avons déjà dit) comme la première élevée sur l'îlot de Cordouan, — c'est la figure, entourée des quelques constructions provisoires nécessitées pour les travaux de la nouvelle tour de Louis de Foix, que releva en 1606 Claude de Châtillon, topographe du roi Henri IV, et qui est placée à gauche de la dite tour, dans son remarquable dessin, le plus sérieux document, en ce genre, que l'on puisse consulter.

à la Bibliothèque de Parme, l'île de Cordouan est désignée sous le nom de *Cordo*.

Dans la mappemonde, peinte sur parchemin par ordre de Henri II, roi de France, sur les données recueillies sous le règne de François Iᵉʳ, en 1542, la même île est désignée sous le nom de *Cordan*.

Dans le plan joint au manuscrit de Jehan Allefonsce et Paulin Secalart (1545), l'îlot de Cordouan est appelé *Ricordane,* comme on le voit dans la copie qui est en tête de ce travail.

Enfin, dans la carte de Lucas Janto Wagenaer (1596), il est appelé *Cordam.*

Un siècle plus tard, Tassin, Nicolas de Fer et les autres graveurs et géographes qui se sont succédé, n'ont fait que copier plus ou moins fidèlement le beau dessin de Châtillon, quand ils ne l'ont pas dénaturé, comme Bocador, qui a enlevé au chef-d'œuvre de Louis de Foix, en l'alourdissant, sa suprême élégance; il est vrai que Bocador avouait n'avoir jamais vu la tour! — Nous avons cherché et fait chercher à Paris et à Londres, dans les dépôts publics, afin de découvrir une figure de la tour du Prince Noir antérieure au dessin de Châtillon; nous n'avons trouvé sur les vieux portulans que des images naïvement exécutées, comme celle que nous reproduisons d'après la carte de 1545.

Le 15 décembre 1862, Élisée Reclus, le grand géographe, faisait, dans la *Revue des Deux-Mondes*, un tableau de la vie à Cordouan, qui nous a toujours semblé d'une bien saisissante vérité :

« Quel que soit, dit-il, le niveau de la marée, l'aspect de Cordouan est d'une mélancolie solennelle; qu'il domine les flots ou les roches noirâtres, il n'en reste pas moins isolé et comme retranché du continent, que l'on voit dans le lointain prolonger d'un côté ses dunes boisées, de l'autre ses falaises coupées à pic.

» Sans doute les hommes confinés dans la tour doivent regarder vers cette terre où sont restées leurs familles, avec une intensité de désir semblable à celle des marins qui cherchent eux-mêmes à découvrir pendant les nuits d'orage l'étoile aimée de Cordouan.

» Par un beau temps les gardiens peuvent encore tromper leur ennui en pêchant dans les lagunes; mais quand la terre se cache derrière un voile de brouillard et que l'horizon se resserre autour d'eux, quand ils sont assiégés par la tempête, quand les coups de mer viennent ébranler leur tour et la couvrir de nappes immenses, quand le vent du large résonne et mugit dans l'édifice, comme dans un gigantesque tuyau d'orgue, combien profonde doit être alors leur secrète horreur de cette mer qui les entoure et qui les garde, de cet infini qui leur laisse à peine un petit monde à part,

si étroit, si limité, si rempli d'épouvante! La science, qui malheureusement les préoccupe si peu, pourrait seule leur faire aimer ce
terrible séjour. »

. . . .

La vie à Cordouan nous rappelle un homme bien estimable que
nous avons beaucoup connu à Royan et qui pouvait en parler
mieux que personne : M. Joseph Maissonnier, conducteur principal
des ponts et chaussées en retraite, mort le 30 juin 1893 à Bordeaux, paroisse Saint-Louis, dans un âge avancé, avait habité près
de trente ans Royan, où il était chargé, sous les ordres de l'ingénieur résidant à la pointe de Grave, du balisage de la rivière et de
la surveillance et de l'entretien des feux de la côte de Saintonge,
de Grave et de Cordouan.

M. Maissonnier connaissait à fond ce dernier phare où il avait
séjourné des mois entiers à l'époque des grandes réparations qui
y furent faites; il était aimable causeur et se complaisait à répondre
à toutes nos questions.

« Ah! disait-il en riant, j'ai pris plus d'un bain forcé en débarquant
sur les roches ou en embarquant, lorsque, par une imprudence
blâmable, nous laissions le courant de flot se former. . . . . . ».

Il nous racontait avec une bonhomie, qui n'était pas exempte de
malice, le voyage à Cordouan d'un inspecteur général des ponts et
chaussées, escorté d'un véritable état-major d'ingénieurs en chef et
ordinaires, voire même d'élèves de l'école de la rue des Saints-
Pères, à Paris. « On visita la tour de fond en comble, puis l'on
déjeuna, si longuement, si bruyamment, qu'on laissa passer
l'heure du retour et que l'*Éclaireur*, bateau à vapeur des ingénieurs, qui attendait au large de la tour, à distance respectueuse
des roches, multipliant en vain ses signaux de rembarquement,
dut regagner Royan, vu l'état de la mer, pour se mettre au plus
tôt à l'abri.

« Force fut donc de souper et coucher à Cordouan. Souper, c'était la moindre des choses, il y a toujours pour six mois de vivres à la tour; mais coucher, c'était une autre affaire, les armoires à linge n'étant pas bien fournies. — On fut donc traité suivant le grade : l'inspecteur général eut un lit complet, les ingénieurs en chef deux draps et deux matelas; les ingénieurs ordinaires qui voulurent se reposer, un matelas et un drap; quant aux élèves ingénieurs et aux conducteurs, ils prolongèrent le souper toute la nuit en buvant des grogs et en fumant... Vous raconter toutes les farces que l'on a faites, vous énumérer toutes les charges que l'on a inventées serait impossible...

» ... C'était le bon temps, ajoutait mélancoliquement le vieux conducteur.

» Le lendemain, à l'étale, nous embarquions au plus vite, le baromètre baissait, la mer avait mauvaise apparence et le vent soufflait du S.-O.; — nous eûmes toutes les peines du monde à gagner Royan avant que la tempête fût déclarée. Néanmoins, M. l'inspecteur général paraissait être enchanté de sa visite et de sa nuit passée à Cordouan. La veille, tout le monde eût pensé comme le grand chef; mais le retour, ah! le retour, tant soit peu mouvementé, avait un peu modifié les opinions! »

Pauvre Maissonnier! comme il était heureux de causer de *notre* tour et de Royan. Nous lui en donnions souvent le plaisir bien partagé, quand nous le rencontrions se traînant péniblement dans les allées du Jardin-Public de Bordeaux, près duquel il demeurait depuis sa mise à la retraite; il semblait en oublier un moment ses cruelles et implacables souffrances!

L'original de la lettre de l'ingénieur Teulère, qui clôt cette suite de documents, appartient à M. Castaing, de Nérac; elle a été publiée une seule fois, il y a trente ans, dans le tome V de la *Revue d'Aquitaine;* elle complétera bien la série des lettres de cet habile et modeste ingénieur contenues dans nos deux premiers recueils. Que d'encouragements sa lecture ne procurera-t-elle pas à la jeunesse studieuse! Nous tenons à honneur et considérons comme un devoir de la publier de nouveau, car nous ne saurions faire assez pour la mémoire du travailleur auquel les navigateurs doivent le surhaussement de la tour de Cordouan.

Joseph Teulère, nous l'avons dit dans les notes de notre deuxième recueil, était né en 1750 à Montagnac, petite ville de Brulhois en Agenais, aujourd'hui arrondissement de Nérac (Lot-et-Garonne).

Teulère rappelle dans sa lettre qu'il a porté le mortier pendant quelque temps aux maçons chargés de la construction de l'église de Nérac; en 1776, il avait alors vingt-six ans, on lui proposa d'entreprendre les travaux de Cordouan.

Ce fut monseigneur de Cicé, archevêque de Bordeaux (¹), qui lut à l'Académie des Sciences, Belles-Lettres et Arts de cette ville, les deux mémoires de Teulère.

Les travaux d'exhaussement de la tour coûtèrent 163,238 livres. Commencés le 29 avril 1788, ils furent terminés l'année suivante (²).

(¹) Champion de Cicé (Monseigneur Jérôme-Marie), archevêque de Bordeaux, né à Rennes en 1735, mort à Aix le 22 août 1810.

En 1781, il succéda au prince de Rohan à l'archevêché de Bordeaux; en 1789, il fut élu pour représenter le clergé aux États généraux; Louis XVI le nomma garde des sceaux le 4 août de la même année; mais il donna sa démission le 21 octobre suivant.

Monseigneur de Cicé refusa le serment à la Constitution civile du clergé et se réfugia à Londres. A l'époque du Concordat il résigna son titre d'archevêque de Bordeaux et reçut celui d'archevêque d'Aix (9 avril 1802).

(²) Le nouveau feu de réverbères établi à la tour fut allumé le 29 août 1790. Voici la copie de l'avis qui en fut donné aux navigateurs par M. Prévost de La Croix, commissaire général de la marine, ordonnateur aux ports de Bordeaux et Bayonne :

« Il y avoit autrefois sur cette tour, qui sert de point de reconnoissance aux navires pour éviter les dangers et chercher les passes, lorsqu'ils veulent entrer ou sortir de la rivière de Bordeaux, un feu de charbon; au mois de novembre 1782, on y substitua un feu de réverbère dans une lanterne, ou cage vitrée, formant un polygone de seize côtés; cette tour ayant eu besoin de quelques réparations, on vient de l'exhausser de soixante pieds, et on y a établi un nouveau feu de réverbère, dont les plaques ont trente pouces de diamètre et dont les lampes sont à la quinquette; ces réverbères sont disposés de façon qu'ils forment les angles d'un triangle équilatéral, inscrit dans un cercle, et par le mouvement de rotation sur lui-même qu'a ce feu, il ne paraît à l'œil de l'observateur que de distance à autre; cette distance est exactement d'une minute, de sorte qu'un

C'est le célèbre Monge (¹), ministre de la marine, qui écrivit à Teulère, au sujet de la visite des navires qu'il avait fait monter en bois *tors* dans les chantiers de Bordeaux.

navire, qui aperçoit ce feu à la mer et qui le voit disparoître, peut être assuré de le voir reparoître une minute après; ce feu faisant sa révolution entière dans trois minutes; ce qui pourra encore servir aux navigateurs à distinguer ce feu, du feu d'un bâtiment ou d'une étoile, c'est qu'ils verront d'abord un éclat de lumière, qui croît à mesure que le foyer passe devant leurs yeux, et décroît d'une manière sensible pour reparoître la minute d'après avec le même éclat. »

(¹) Monge (Gaspard), comte de Peluse, célèbre géomètre français, né à Besançon en 1746, mort à Paris en 1818.

Il fut ministre de la marine en 1793, membre de l'Institut, sénateur, grand aigle de la Légion d'honneur, directeur de l'École polytecnique, etc. Napoléon, qui l'aimait beaucoup, disait que Monge était l'honneur français personnifié.

―――――

A la suite des documents sur la tour de Cordouan et Royan, nous joignons trois pièces étrangères à cette publication, qui s'imposent par leur origine commune avec eux.

La première est le procès-verbal de visite des murailles entourant la ville de Bordeaux, fait en 1583 par l'ingénieur Loys de Foix.

La seconde, une lettre du 31 janvier 1779 de M. de Sartine, ministre de la marine, au maréchal duc de Mouchy, à Bordeaux, au sujet des études par le baron de Villers d'un canal reliant Arcachon aux ports de Bordeaux et de Bayonne.

La troisième enfin, le procès-verbal de l'examen des passes d'entrée du bassin d'Arcachon, dressé en mai 1792 par Teulère, problème de la fixation des sables, non encore résolu, qui est toujours la préoccupation constante de nos ingénieurs.

La Bacqueyre, Villenave-d'Ornon, septembre 1893.

. . . Cordouan me parut sur son écueil d'une
blancheur fantastique, sa tour semblait un fan-
tôme, qui disait malheur ! malheur !
J. MICHELET.
(La Mer.)

CORDOUAN

GROS TEMPS — MARÉE MONTANTE

D'après l'aquarelle de Gustave Labat.

DOCUMENTS

sur

ROYAN ET LA TOUR DE CORDOUAN

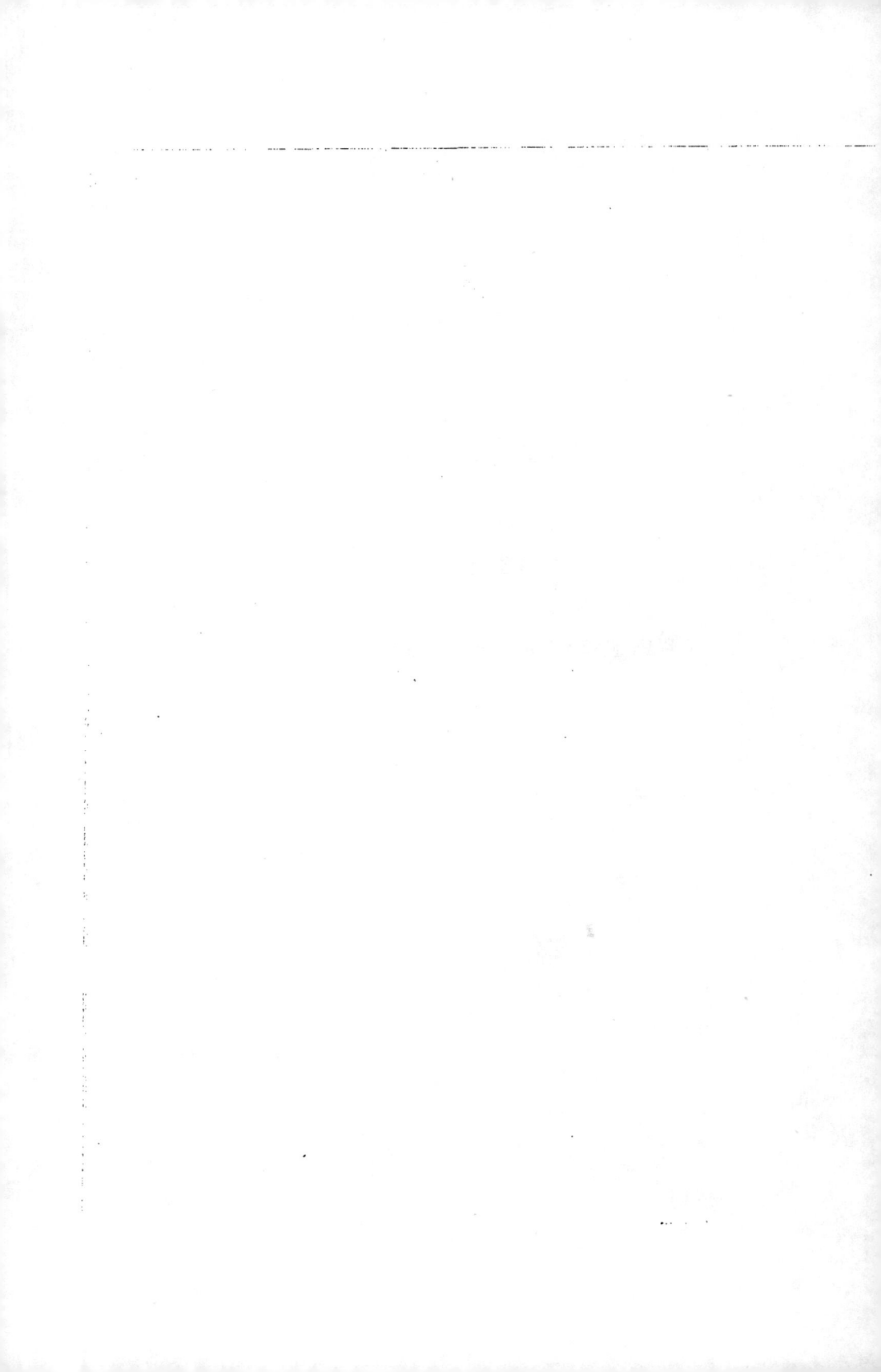

DOCUMENTS

SUR

ROYAN ET LA TOUR DE CORDOUAN [1]

QUITTANCE par les ermites de Cordouan des sommes levées pour eux sur la coutume de Bordeaux.

5 Mars 1481.

Bibliothèque nationale. Manuscrits, 25973. Quittances ecclésiastiques, n° 2036. Original sur parchemin.

En la presance de moy, Blays Noeau, clerc, notaire royal ès pays et duché de Guienne, les hermites de Nostre-Dame de Cordan ont congneu et confessé avoir eu et receu de noble homme Estienne Malravain, comptable de Bourdeaulx, la somme de trente-six livres six solz tournois, à cause de la coustume de six solz tournois qui se lieve sur chascun navire chargeant vin au port et havre de Bourdeaulx, lequel droit a valu ladite somme, depuis le jour et feste Sainct Michel, l'an mil cccc quatre-vingts, jusques à semblable jour et feste l'an revolu mil cccc quatre-vingts et un; laquelle somme le Roy, nostredit seigneur, a donnée ausdits hermites, tant

[1] Cinquante-huit de ces pièces ont été publiées par nous dans le XXVIII° volume des *Archives historiques de la Gironde*, auquel nous les empruntons.

Le 58° document, bien que compris, aux Archives départementales de la Gironde, dans le dossier concernant la tour de Cordouan, a trait spécialement à la visite des passes de l'entrée du bassin d'Arcachon par l'ingénieur Teulère. Nous n'avons pas cru devoir, néanmoins, le distraire de cette publication, en raison de l'intérêt qu'offre, à plus d'un siècle de distance, le rapport du célèbre ingénieur sur une question aussi importante que celle du déplacement des bancs de sable qui obstruent l'entrée du bassin, question qui, depuis cette époque, est continuellement à l'étude et n'a pas eu encore de solution concluante.

pour leur vie, vesture et substentation, comme pour entretenir la lumière en une lanterne qui est en la tour dudit Cordan, pour guider et garder de perir les navires allans et venans en la rivière de Gironde, de laquelle somme de trente-six livres six solz tournoiz lesdits hermites se sont tenuz et tiennent pour contens et bien paiez, en en ont quitté et quittent le Roy, nostredit seigneur, ledit comptable et tous autres. En tesmoing de ce, à la requeste desdits hermites, j'ay signé ceste presente quittance de mon seing manuel, et pour plus grant approbation, fait sceller du scel de la seneschaussée de Guienne.

Ce fut fait à Bourdeaulx, ès presences de honnorable homme et saige maistre, Marsaulx Mercier, procureur du Roy nostredit seigneur en ladite seneschaucée de Guienne, et Heliot de Puchsuau, clerc, demourant audit Bourdeaulx, tesmoings à ce appellez et requis, le cinquiesme jour de mars, l'an mil quatre cens quatre vingt et ung.

(Signé :) B. NOEAU.

<hr />

5 Janvier 1489.

QUITTANCE par Jehan de Laigle, prieur-ermite de Cordouan.

Archives nationales. Carton des Rois, K. 74, n° 19. Quittance originale sur parchemin.

En la presence de moy, Guillaume le Gendre, notaire roial en Guienne, frère Jehan de Leigle, prieur hermite de Nostre-Dame de Cordan, a congneu et confessé avoir eu et receu de monsieur le comptable de Bourdeaulx a somme de trente-quatre livres unze solz dix deniers oboles tournois, pour raison du droit que iceluy hermite a d'ancienneté acoustumé d'avoir et prandre par ledit comptable sur les navires chargans vin au port et havre de Bourdeaux, et ce, pour entretenir une lenterne ou fallot servye de feu sur la tour dudit Cordan, pour monstrer et enseigner aux marchans navigans par la mer l'entrée de la rivière de Gironde, et ce pour trois quartiers finiz le derrenier jour de decembre derrenier passez mil quatre cens quatre-vingt et neuf, de laquelle somme de trente-quatre livres unze solz et dix deniers iceluy de Leigle, hermite susdit, s'est tenu pour content et bien payé, et en a quitté et quitte ledit comptable et tous autres.

En tesmoing de ce et à sa requeste, j'ay signé ces presentes de mon seing manuel cy mis, le vme jour de janvier l'an mil iiii^c iiii^xx et neuf.

(Signé :) DE LAIGLE et LE GENDRE.

QUITTANCE par Archambault de Béarn, ermite principal de Cordouan. 30 Septembre 1509.

Archives nationales. Carton des Rois, K. 78, n° 20. Quittance originale sur parchemin.

Je, frère Archambault de Bearn, hermite principal de la tour Nostre-Dame de Cordan, confesse avoir eu et receu de maistre Celier du Tillet, comptable de Bordeaulx, la somme de huit vingtz seize livres deux solz tournois que j'é droit de prendre, ainsi que mes predecesseurs, sur chacun navire chargeant au port et havre de Bourdeaux; lesquelz navires sont en nombre, pour ceste presente année finissant le derrenier jour de septembre, l'an mil v^e et neuf, de _____ qui, au pris de six solz tournois pour chascun navire, vallent ladite somme de viii^xx xvi livres ii solz tournois, de laquelle somme je me tiens pour content et bien paié, et en quitte le Roy, nostre sire, ledit comptable et tous autres; tesmoins mon seing manuel cy mis, le derrenier jour de septembre l'an mil cinq cens et neuf.

(Signé :) ARCHAMBAUT DE BEARN.

QUITTANCE de Benoist Dugué, garde pour le Roi de la tour de Cordouan. 6 Juillet 1568

Archives départementales de la Gironde, série E. Minutes de J. Castaigne, notaire à Bordeaux, année 1568, f° 528.

En la presence de moy, notaire royal soubsigné et des tesmoings soubsnommés, Benoist Dugué, garde pour le Roy de la tour de Cour-douan, de son bon gré et volonté, a recogneu et confessé avoir receu comptant de monsieur maistre Charles de Aste, conseiller du Roy et comptable de Bourdeaulx, la somme de trente-sept livres dix solz tournois pour les gaiges ordonnez, par ledict seigneur audict estat de garde de ladicte tour, et par ledict Dugué de servir durant le quartier d'avril, may et juin dernier passé, de laquelle somme de trente-sept livres dix solz tournois ledict Dugué s'est tenu et tiens pour content, bien payé et satisfait, et en a quité et quite ledict sieur comptable et tous autres qu'il appartiendra. Faict à Bourdeaulx le vı^me jour de juillet, l'an mil cinq cen soixante-huict, en présence de Guillaume Desclaux et Arnaud Méjan, habitans audict Bourdeaulx, tesmoings à ce appellés et requis.

* * *

18 Juillet 1575. **QUITTANCE de Louis de Foix relative aux travaux du port de Bayonne.**

Bibliothèque nationale. Pièces originales, dossier Foix, vol. 1176, pièce 446.

Maistre Pierre de Caulonque, tresorier des reparations, fortiffications de Guienne et boucault neufz et havre de ceste ville de Baionne, paiez comptant par advance à Estienne de Maquereau la somme de quatorze livres tournois, pour raison et à bon compte de cent pieces de bois de pein, toutes escarries de six poulces en carré, que ledit Maquereau a promis fournir et delivrer à ladite œuvre du boucault dans la fin du présent mois de juillet, laquelle somme vous sera desduicte et rabatue sur et tant moings des dix mil livres que le Roy a ordonnez pour la repparation et fortiffication de mon œuvre; et en rapportant la presente avecque quittance au dos, vous sera allouée en la reduction de voz comptes.

Faict audit Baionne, ce dix-huictiesme juillet mil cinq cens soixante-quinze.

Pour la somme de quatorze livres tournois d'avance sur cent vingt-cinq livres.

(Signé :) Loys DE FOIX.

(Suivent deux autres quittances analogues, relatives aux travaux du port de Bayonne, datées des 17 et 31 juillet 1575.)

* * *

LETTRES-PATENTES d'Henri III, relatives à la levée de sommes destinées 20 Février 1582. à la réédification de la tour de Cordouan.

Archives municipales de Bordeaux, série KK, carton 227.

Le roi de France, pour la réédification de la tour de Cordouan, ordonne la levée de vingt-huit mille écus sur partie des généralités de Toulouse, Limoges et Guyenne; plus celle de quatre mille écus sur la comptablie de Bordeaux; enfin, la perception d'un droit de quatre sols par tonneau sur chaque navire entrant en Gironde ou en sortant.

————

Henry, par la grâce de Dieu roy de France et de Poloigne, à nos amés et féaux conseillers, les presidents, thresoriers generaulx de France en leur bureau establY à Bourdeaux, et thresoriers de nostre espaigrne, salut.

Nous avons, par nos lettres-pattantes du 24 mars dernier passé, mandé et ordonné à nostre thresorier de France reguarder avec les maire et juratz de nostre ville de Bourdeaux, aux moyens plus propices pour impozer et lever jusques à dix mil escuz sur le pastel, denrées et marchandises, vaisseaulx et navires, qui entreront et sortiront des ports et hâvres de Bourdeaux, Libourne et Blaye, ou autres moyens raisonnables, pour employer ladicte somme à la reparation de la tour de Cordoan assise à l'entrée de la grande mer, servant de guide et conduitte aux navires et vaisseaulx entrans et sortans en la rivière de Gironde, par le moyen d'un fanal allumé de nuict au hault d'icelle tour, qui par impetuozité de la mer estoit menassée d'une prochaine ruyne, laquelle, estant advenue, ne pourroict estre restablYe pour cent mil escuz, oultre la diminution qu'elle apporteroit au commerce et interest publicq, d'aultant qu'il fauldroit prendre aultre routte, lui feroit cesser le cours et trafficq des marchandises de ladite ville de Bourdeaulx, et aultres villes qui en reçoivent commodité; et ayant veu sur ce vostre advis et trouvé necessaire impozer, à l'effect que dessus, la somme de dix solz sur chescune balle de pastel chargée audict port de Bourdeaulx, nous aurions mandé faire ladicte levée par aultres nos lettres pattantes, qui n'auroient esté executées à l'occasion des deffenses sur ce faictes par nostre cour de Parlement dudict Bourdeaulx; et d'autant qu'il estoit très necessaire, comme l'evenement a

demonstré, de promptement pourvoir auxdictes reparations, auriez deliberé à diverses fois des moyens ouvertz et proposez pour recouvrer
deniers dudict effect, même en presence de nostre cher et bien aymé
cousin, le sieur de Biron, mareschal de France, maire de ladicte ville
de Bordeaulx, des juratz, notables bourgeois et officiers d'icelle, pour ce
assemblez. Mais avant que prendre auculne resolution, seroit advenue la
ruyne et decadence de ladicte tour; de quoy ayant esté advertis, l'auriez
faict visiter par l'un de vous à ce depputté, assisté de nostre procureur,
de maistre Loys de Foix, ingénieur, de Jehan Lehoux, commis du maistre
des œuvres et reparations de Guyenne, et aultres gens à ce experts et
cognoissant, qu'après avoir faict ladite visitation auroient rapporté ladite
reparation ne pouvoir estre faicte à moins de cinquante mil escuz sol; sur
quoy auriez donné et envoyé vostre advis des moyens d'imposer et lever
ladicte somme; lequel aiant veu, et sur ce murement deliberé, mesme
ayant esté adverti de la totalle ruyne de ladite tour, laquelle il est très
necessaire de restablir et rediffier pour obvier que le cours et trafficq des
marchandises ne cesse, au très grand prejudice et insteretz de tous nos
subjectz, specialement de ceulx qui tirent commodité dudit navigaige et
commerce, avons, de l'advis de nostredict Conseil, ordonné, pour satisfaire à ladite rediffication, que sera levé jusqu'à vingt-huict mil escuz sur
nos subjects habitans des provinces cy après declairées, qui tirent commodité dudit naviguage, assavoir : quatorze mil escuz en trois prochains
quartiers de la presente année, esgallement et pareille somme de quatorze
mil escus, en l'année prochaine mil cinq cent quatre-vingts-troys, par les
quatre quartiers d'icelle, scavoir : en la generallité de Thoulouse, sur les
habitans de la senechaussée de Thoulouse, Lauragois et Albigeois, non
comprins Rivière-Verdun et Cuminge, la somme de six mil escuz; en la
generallité de Limoges, sur le pays de Xainctonge, troys mil escuz soullement, et sur aulcun païs et senechaussée de ladite generallité de Guyenne,
la somme de dix-neuf mil escuz, asscavoir : sur la senechaussée de Peri-
gord, quatre mil escuz; sur celle de Condommois, trois mil escuz; sur
celle d'Agenois, quatre mil escuz, et sur celle de Guyenne et Bourdelois
qui ne paie que le taillon, huict mil escuz. Outtre lesquels vingt-huict mil
escuz, sera encore prins des deniers de nostre contablie dudict Bourdeaulx

la somme de quatre mil escuz, en ladite presente année et la prochaine esgallement, qui sont deux mil escuz par an; et pour ce que lesdictes sommes ne pourroient pas suffire à satisfaire aux despens susdicts, nous avons ordoiné pour ceste fois seullement et sans tirer à consequence pour l'advenir, attendu l'urgente necessité qui se presente, que durant ladicte presente année et la prochaine seullement, chascune barque ou navire, de quelque part qu'elle soit, entrant et sortant de la mer par devant ladicte tour, paiera pour le port de chescun thonneau quatre solz.

A ceste cause, vous mandons et ordonnons que, sur les manans et habitans de nostre pays de Guyenne et Bourdelois, Perigort, Condommois, Bazadois et Agennois, vous ayez à departir, asseoir, impozer et faire lever ladicte somme de dix-neuf mil escuz avec les frays raisonnables, ainsy que vous avez accoustumé fayre les deniers de nos tailles et taillons, et ce durant les quartiers d'avril, juillet et octobre de la presente année, et l'autre moitié en l'année prochaine esgallement; et voullons que les receveurs particuliers desdits lieux, ou commis en la recette, seront tenus et constraincts apporter lesdicts deniers en la recette generalle de nos finances estably audit Bourdeaulx, avec les aultres deniers de leur charge.

Vous ferez aussy par le comptable de nostredite comptablie de Bourdeaulx, mettre comptant es mains du receveur general de nos finances audit lieu ladite somme de quatre mil escuz desdites deux années, auparavant toutes et autres assignations precedentes ou postérieures, ausquelles nous voullons et entendons ladite partie de quatre mil escuz estre prefferée et ledit comptable constrainct au paiement d'icelle somme, comme pour nos propres deniers et affaires, en cas de refus; voullans que en rapportant par luy la coppie de ces presentes deument collationnées avec les quictances desdicts receveurs generaux de nos finances audit Bourdeaulx, ladite somme soict passée et allouée en la despense de ses comptes par nos amés et feaulx, les gens de nos comptes, ausquels mandons et enjoignons ainsy le faire sans aucun reffuz ne difficulté; et pour les mesmes occasions cydessus declairées, nous vous mandons aussy faire lever sur chescune barque, navire ou aultre vaisseau qui passera, allant ou venant aux ports et hâvres desdits Bourdeaulx, Libourne, Bourg et Blaye, ladite somme de quatre solz pour le port de chescun thonneau, laquelle imposition sera

4

levée par lesdits comptables receveurs ordinaires dudit Bourdeaulx, soubs
le conterolle du controleur de ladite comptablie, sur tous les vaisseaux
indifferemment durant lesdites deux années soullement, nonobstant les
fors et privilèges que ne voullons avoir aulcun lieu pour ce regard,
attendu l'importance du faict, pour estre lesdicts deniers provenant dudit
subside avec les sommes susdjctes, tant desdictes generallités de Bourdeaulx, Thoulouse et Limoges que ce qui sera prins de nos deniers en
ladite comptablie, mis en la recette generalle dudit Bourdeaulx et le tout
employé à l'effect et rediffication de ladite tour de Cordoan, par vos ordonnances et certiffications de Mᵉ Loys de Foix, que nous avons commis pour
la conduictte de ladite tour et non autrement; et à ce faire, souffrir et
y obeir, sur ce contraindre tous ceulx qu'il appartiendra et qui, pour ce,
seront à contraindre, par les voyes et constrainctes accoustumées pour
noz deniers et affaires, nonobstant oppositions ou appellations quelconques, pour lesquelles et sans prejudisce d'icelles ne voullons estre differés,
dont nous avons retenu et reservé à nous et à nostre Conseil d'Estat la
cognoissance, et icelle interdite et deffendue, interdisons et deffendons
aux gens de nostredite court de Parlement et tous aultres juges quelconques ce que dessus faire et accomplir.

Vous avons donné et donnons plain pouvoir, puissance, aucthorité,
commission et mandement special, mandons et commandons à nostre
huissier ou sergent premier sur ce requis faire les constrainctes, signifi-
cations et interdictions et aultres exploicts necessaires pour l'execution de
ces presentes, en vertu de la coppie deuement collationnée, sans qu'il soict
tenu demander aulcune permission, placet, visa ne pareatis, car tel est
nostre plaisir. Et pour ce que de ces presentes l'on pourra avoir affere en
plusieurs et divers lieux, nous voullons qu'au vidimus d'icelles deuement
collationné par l'un de nos amez et feaulx notaires et secretaires ou soubz
scel royal, foy soict adjoustée, comme au present original.

Donné à Paris, le vingtiesme jour de febvrier l'an de grace mil cinq
cent quatre-vingt-deux, et de nostre regne le huictiesme.

Ainsy signé : Henry, et plus bas : par le Roy en son Conseil : de Neufville, et scellé du grand sceau à simple queue.

Jacques Le Roy, conseiller du Roy et thresorier de son espairgne, veu par nous les lettres pattentes dudit sieur, données à Paris le xxme jour de febvrier dernier, auxquelles ces presentes sont attachées soubz nostredict signet, par lesquelles Sa Majesté veult et entend qu'il soit prins et retenu de la comptablie de Bourdeaux la somme de quatre mil escuz, en la presente année et la prochaine esgallement, et icelle estre mise comptant par le receveur de ladite comptablie ès mains du receveur general des finances audit Bourdeaulx, pour estre employé à partie des despens qu'il conviendra faire pour la construction et rediffication de la tour de Cordoan, assize à l'entrée de la grant mer, servant de guyde et conduicte aux navires et vaisseaulz entrant et sortant de la rivière de Gironde, et ce oultre et par dessus les autres sommes des deniers que Sa Majesté a ordonnées estre levées sur ses pays qui reçoivent commodité au moyen de ladite tour et la navigation et trafficq sur ladite mer, contenus et speciffiés ès dictes lettres, desquelles en tant qu'à nous est, consentons l'enterinement et accomplissement, selon leur forme et teneur, en mandant au receveur et comptable de ladite comptablie de Bourdeaulx qu'il ayt à mettre ez mains, suivant l'intention de Sadicte Majesté, du receveur general de ses finances audit lieu, qui est du present en exercice, la somme de deux mil escuz, qui est paiable en la presente année, et les autres deux mil escuz, faisant les quatre mil escuz, ès mains de celui qui entrera l'année prochaine en exercice, pour estre employée à l'effect que dessus et non ailleurs.

Donné soubz notre signet, audit Paris, le 6me jour d'avril 1582.

Ainsy signé : Le Roy.

Ce jourd'hui, vingtiesme du mois de descembre mil cinq cent quatre-vingt-trois, en presence de moy, Claude Dorléans, notaire et tabellion royal en Guyenne establi à Bourdeaulx, soubz signé, monsieur maistre Jacques Bonnaud, conseiller du Roy et receveur general de ses finances eu Guyenne, parlant à monsieur maistre André du Broca, aussy conseiller du Roy et comptable de Bordeaulx, l'a sommé et requis luy paier comptant la somme de quatre mil escuz que le Roy, par ses lettres pattentes du xxme febvrier 1582, a ordonné estre prinse sur les deniers de la ferme de ladite comptablie, dont les deux mil escuz estoient paiables en ladite année 1582, de laquelle somme messieurs les president et thresoriers generaulx de France, establys en cette ville de Bourdeaux, ont baillé estat audit receveur general Bonnaud pour icelle recouvrer sur lesdits sieurs comptables, et estre employé aux frais de la reparation, fortiffication de la tour de Cordoan, offrant en cas de paiement comptant luy bailler bonne et vallable quictance, servant à son acquit et descharge; aultrement, à faulte de ce faire, ledit sᵣ Bonnaud a protesté contre ledit sieur comptable de tous despens, domaiges et interest qu'il en pourroit souffrir pour ne pouvoir fournir ladite somme; lequel sieur comptable a dit qu'il n'a jamais ouy parler de ceste affaire que à present, et aussy qu'il n'a aucuns deniers par devers luy concernant l'afferme de la Comptablie dudict Bourdeaulx, ni aulthrement, et attand il ne peut acquitter ladicte partie, dont mesdicts sieurs les president et thresoriers generaulx le peuvent bien scavoir, et partant que besoing seroit, ledit sieur comptable est prest à mettre son estat par devers lesdits sieurs president et thresoriers generaulx; ledit sieur Bonnaud a persisté et dit que, dès le mois de juillet dernier, il demanda ladite somme à maistre Henry Lanssade, son commis, estant au bureau de ladite comptablie où il se transporta pour cet effect, qui fit response que ledit sieur du Broca estoit à Paris, et qu'il n'avoit charge faire aulcun paiement et qu'il luy promit l'en advertir, et que partant, il presuppose que ledit sieur comptable en a esté deuement adverty, se remettant à ce que messieurs les president et thresoriers generaulx voudroient ordonner sur lesdites response et veriffication dudit sieur comptable.

Ledit sᵣ comptable a encore dict que ledit Lanssade n'a aulcune charge de luy, sinon pour faire la recette des deniers de l'afferme de la comptablie, et que sy ledit Bonnaud l'eust faict entendre audict Lanssade par sommation ou declaration, ledit Lanssade n'eust failly à l'en advertir. Et en mesme instant est arrivé ledit Lanssade en faisant ladite sommation, lequel a esté interpellé par ledit sieur comptable, scavoir si ledit Bonnaud luy avoit desclaré ce qui est contenu en la presente sommation, lequel Lanssade a faict pour response qu'il ne luy souvient aulcunement que ledit sieur Bonnaud luy ayt faict entendre le faict dont est question et qu'il ne

scait que c'est, parce que ce n'est de son faict, lequel sieur Bonnaud a
encore persisté en son dire et requis acte.

Présents à ce, Bernard du Mau et Jehan Horsson, habitans dudit Bourdeaulx.

(Signé :) BONNAUD, du BROCA, HORSSON, present,
et moy DORLÉANS, *notaire royal.*

ENTÉRINEMENT des lettres-patentes du Roi, accordant un traitement à   6 Juillet 1582.
Louis de Foix, ingénieur, pour les travaux à faire à la tour de Cordouan.

Archives départementales de la Gironde, série C. 3871.

Les president et tresoriers generaulx de France establis à Bordeaux ;

Veu par nous les lettres pattentes du Roy données à Paris le premier jour
de mars dernier passé, signées : par le Roy estant en son conseil, Pinart,
ausquelles ces presentes sont attachées, soubz le scel du Bureau de la
tresorerie generalle de France audict Bordeaux, et seing du greffier
d'icelluy, par lesquelles et pour les causes y contenues, ledict Sieur ayant
veu nostre advis sur la ruyne et decadence de la tour de Cordoan, assize
à l'entrée de la grand mer, qui servoit de guyde et conduitte aulx navires
et vaisseaulx entrants et sortants de la rivière de Gironde, par le moyen
d'ung phanal alumé de nuict au hault d'icelle, et sur les moyens plus
propres pour la reediffication, après avoir sur ce pourveu selon le necessaire, a commis et depputé maistre Loys de Foix, ingenieur, pour aller
et se transporter sur le lieu et où les vestiges sont et demeurent encore,
pour y faire le dessaing et ordonner ce qu'il verra, jugera et cognoistra
estre bon et necessaire pour rebastir, redresser et reediffier ladicte tour
et la remectre en tel estat qu'elle puisse servir à l'effect, selon et ainsi
qu'elle faisoit auparavant ladicte ruyne, au meilleur mesnage et moindre
despence que faire se pourra, et ordonné la despense estre faicte par ses
certiffications generallement et nos ordonnances ou de l'ung de nous, et
suivant ycelle le payement faict tant des ouvriers que manouvriers qui
y travailleront, que de matières et estoffes necessaires, barques, bapteaulx,

engins et aultres despenses extraordinaires qu'il convient à tels ediffices,
et ce, par les mains du receveur general des finances audict Bordeaux
estant en exercice, qui s'en rendra comptable comme des aultres deniers
de sa charge; et afin que ledict de Foix ayt meilleur moyen de s'entretenir
en la conduicte dudict œuvre, icelluy Sieur lui a ordonné trente-trois escus
ung tiers par mois d'estat et entretenement, durant le temps qu'il sera
employé à la conduicte dudict œuvre, à prendre sur les deniers provenant
de l'imposition que Sa Majesté a ordonné estre faicte pour ladicte repara_
tion, qu'il nous est mandé luy faire payer, bailler et delivrer par chescung
mois par ledict receveur general des finances, à commencer du premier
jour de janvier de l'année presente jusques à la perfection de ladicte tour,
attendu qu'il a jà vacqué à la visitation d'ycelle et faict les desseings qui
ont esté representez à Sadicte Majesté, laquelle s'a reservé à luy pourvoir
de telle honneste recompense qu'elle jugera estre raisonnable pour ses
services et fidellité, en ce qui concerne l'utillité publique de grande valleur,
ainsi qu'il est amplement declairé par lesdictes patentes;

Veu aussi la requeste dudict de Foix tendante à la verification d'ycelles;

Consentons, en tant que nous est, à l'interinement et accomplissement
desdictes lettres pour estre icelluy de Foix payé de ladicte somme de
trente-trois livres un tiers par chescun mois durant le temps qu'il sera
employé et vacquera au faict des reparations de ladicte tour de Cordoan,
à commencer dudict premier jour de janvier dernier passé et de faire par
ledict de Foix les desseings, et nous certiffier de tout ce qui sera necessaire pour ladicte reedification, suivant lesdictes patentes, sans toutefois
qu'il puisse faire ou accorder aulcung marché, ne prix faict ny ordonnance
pour l'achapt des estoffes, matières et aultres choses necessaires pour
ycelle rediffication, en rapportant par ledict receveur general coppie desdictes patentes dument collationnées et quittances sur ce suffisantes, ladicte
somme de trente-trois escus un tiers sera passée et allouée en la despence
de son compte par nosseigneurs des Comptes à Paris que nous prions de
ce faire.

Faict audict Bureau, le sixiesme jour de juillet mil cinq cent quatre-
vingt-deux

MANDEMENT d'Henri III relatif à la levée des sommes destinées à la réédification de la tour de Cordouan.

16 Janvier 1583.

Archives de la ville de Bordeaux, série EE, carton 227.

Henry, par la grâce de Dieu, roy de France et de Poloigne, à nos amez et feaulx : les president en nostre cour de Parlement de Bourdeaulx, maistre François de Nesmond, president au Bureau de nos finances, maistre Ogier de Gourgue, et maire de nostre ville de Bourdeaulx, et en leur absence à l'un de nos autres presidents de nostredicte cour de Parlement, thresoriers generaulx de France et jurats de nostredicte ville, salut. Pour ce qu'il est très necessaire de commettre quelques personnages d'authorité et suffisance requis pour ordonner des deniers que nous avons ordonné estre levez pour employer à la reedification et reparations de la tour de Courdouan, et considerant que ne pourrions faire plus convenable eslection que de vos personnes, pour ces causes et aultres bonnes considerations à ce nous mouvant, nous avons commis, ordonné et deputté, commettons, ordonnons et deputtons par ces presentes et vous donnons pouvoir et mandement pour avoir l'œil, intendance et disposition sur tous et chescuns les deniers que nous avons ordonnez et qui seront levez cyaprès, pour emploier à l'effect de susdict, en faire les prix faictz et marché et expedier voz ordonnances pour l'acquit et descharge de celluy qui sera commys et deputté, maniement et despense desdicts deniers, lesquelles ordonnances à ces fins [avons] vallidés et authorisés, vallidons et authorisons par cesdictes presentes, voullant que, en rapportant icelles et les quictances des parties où elles escherront, avec le vidimus de cesdictes presantes, toutes et chescunes les sommes et deniers, qui auront ainsy esté paiez, soient passez et allouez en compte de celluy qui, comme dict est, en aura eu le maniement, par nos amez et feaulx les gens de nos Comptes et ailleurs que besoing sera ; leur mandant et enjoignant ainsy faire sans difficulté, sans qu'il soit besoing en faire ici autre plus particulière mention, et generallement faire ordonner et executer sur ce que dessus, circonstances et dependances, tout ce qui sera requis et necessaire pour l'effect de nostre intention et pensée en cest endroict, suyvant la science qu'avons en vous, car tel est nostre plaisir.

Donné à Paris, le seizième jour de janvier, l'an de grâce mil cinq cent quatre-vingt-trois, et de nostre regne le neufviesme.

(Signé :) HENRY.

Et plus bas :

Par le Roy estant en son Conseil : DE NEUFVILLE, et scellé.

Collationné à l'original par moy, conseiller secretaire du Roy et controlleur en sa chancellerie, à Bourdeaulx.

(Signé :) DE SAUVAGE.

Collationné par moy, notaire et secretaire du Roy.

(Signé :) DARNAL.

ORDONNANCE d'Henri III relative à la vérification des lettres-patentes accordées à Louis de Foix.

Bibliothèque nationale. Pièces originales, dossier Foix, vol. 1176, p. 456. Original sur parchemin.

Henry, par la grace de Dieu roy de France et de Poloigne, à noz amez et feaulx conseillers, les tresoriers generaulx de noz finances en la generalité de Guienne establiz à Bourdeaulx, salut.

Nostre amé maistre Loys de Foix, nostre varlet de chambre et ingenieur ordinaire, nous a faict remonstrer que, dès le vingtroisieme de decembre mil cinq cens quatre-vingtz-trois, il auroit obtenu certaines noz letres patentes, cy attachées soubz le contre scel de nostre chancellerie, à vous adressantes et à nostre amé et feal conseiller, le tresorier de nostre espargne, aux fins pour les causes y contenues, lesquelles Loys de Foix auroit faict veriffier par nostredict tresorier de l'espargne ; mais au moien de l'occupation qu'il auroit heu pour nostre service, tant à la construction du boucault de nostre ville de Bayonne que à la tour de Cordoan, où il auroit esté ordinairement employé, il n'auroit peu poursuivre la veriffication desdites cttres par devant vous, ne aussi l'execution d'icelles, ce qu'il entend à present faire; mais double que vous faciez difficulté, au moien de la surannation intervenue en icelles puis ledit vingtroisiesme decembre, si par nous ne luy estoict sur ce pourveu de noz lettres au cas opportunes, humblement requerant icelles.

Pour ce est il que nous vous mandons et, pour ce que nosdites lettres patantes sont à vous adressantes, enjoignons proceder à la veriffication et interinemens d'icelles selon leur forme et teneur, nonobstant la surannation intervenue en nosdites lettres patantes puis ledit vingtroisiesme decembre mil cinq cens quatre-vingtz-trois, que ne voulons audit de Foix nuyre ne prejudicier en aulcune manière, ains l'en avons relevé et relevons de grace specialle, par ces presentes, rigueur de droit et lettres à ce contraires; mandons et commandons à touz noz justiciers, officiers et subjectz que à vous en ce faisant obeyssent.

Donné à Bourdeaulx, le xxviie jour de jung, l'an de grace mil cinq cens quatre-vingt-neuf et de nostre regne le seziesme.

Par le Conseil :
(Signé :) De LA FONT.

———————•◦◁◦•———————

QUITTANCE par Louis de Foix de sommes à lui données pour travaux à exécuter aux fortifications et au port de Bayonne.   5 Juin 1592.

Archives de la ville de Bayonne, série DD, 2, 33.

Saichent tous presens et advenir que aujourduy, cinquiesme du mois du jung mil cinq cens quatre vingts douze, par devant moy Jehan Doamlup, notaire et tabellion royal en la ville et cité de Bourdeaulx et senechaussée de Guienne, presens les tesmoings soubs nommés, constitué personnellement : maistre Louys de Foix, ingenieur du Roy et vallet de chambre de Sa Majesté, à present habitant et resident en ceste ville, lequel, de son bon gré, a recogneu et confessé debvoir bien et dheument à messieurs les lieutenans en la mairerie, eschevins et gens de conseil de la ville et cité de Bayonne, absens, et maistre Micheau de Maubec, licencié ez droictz, advocat en la cour de Parlement dudict Bourdeaulx et scindic de

ladicte ville de Bayonne, estant à present en cestedicte ville pour les affaires
communes de ladicte ville et citté de Bayonne, present et avecq moy dict
notaire pour tous stippullant et acceptant, scavoir est : la somme de deux
cens escus sol, à cause de loyal prest à luy faict par ledict sieur de Maubec,
scindic susdict au nom desdictz sieurs lieutenant, eschevins et gens de
conseil dudit Bayonne, et de leur argent qu'il a baillé et delivré reellement
et de faict en madicte presence et desdictz tesmoings audict de Foix, sur
le passement des presentes, et laquelle icelluy de Foix a par mesme moien
prinse et receue en son pouvoir en mesme instant, en presence de nous
dict notaire et tesmoings, [scavoir] cent escus en pièces de vingt sol et les
autres cent escus en quartz d'escu et autre monoye blanche ayant cours
au present royaulme, et d'icelle dicte somme il s'en est contempté après
l'avoir compté et nombré, et a renoncé à tout ereur de compte, à future
numeration, à l'exception de pecune non nombré ou de n'avoir esté à son
proffict et utillité mise, convertie et employée; et lui a esté faict le susdict
prest par les susnomés pour et affin de l'acommoder à faire un voyaige
en cour et par devers le Roy et la part où Sadicte Majesté sera, le plus
tost qu'il luy sera possible, avecq l'aide de Dieu, à la sollicitation et
poursuicte de certaines remonstrances qu'il luy convient faire à Sadicte
Majesté concernant le faict de la fortiffication de ladicte ville de Bayonne,
et par precippu des chaines et fermures de la rivière du Nive qui passe
dans ladicte ville, tant de l'ung boult qui est du cousté de la mer, entre la
tour du Sainct-Esprit et le bastion du Pymont, que aussi de l'autre boult
qui est vers le port de Sault, entre les tours appellés de Sault et du cou-
vent des Cordelliers de ladicte ville, et pour obtenir les provisions à ce
necessaires, suyvant le desseing qu'il a cy devant remonstré et representé
au feu Roy, que Dieu absolve, et qu'il pretend de nouveau remonstrer et
representer à Sadicte Majesté pour son service et conservation de ladicte
ville, et sy tant est qu'il puisse obtenir les provisions necessaires et assignations requises, de sorte qu'il soict d'accord avecq Sadicte Majesté de
son pris faict, et qu'il face et parfaice ladicte besoigne ou qu'il la face
faire et parfaire; en ce cas et non aültrement ny en autre quallité, ledict
de Foix demeurera acquitté et deschargé du susdict prest d'icelle dicte
somme de deux cens escus. Ledict de Maubec scindic susdict, faisant pour

lesdictz sieurs lieutenant, eschevins et gens de conseil de ladicte ville de Bayonne, en leur nom, promet de bailler ou faire bailler audict sieur de Foix, ou aultre ayant droict et cause de luy, la somme de cent escus sol. incontinant après que ledict ouvraige sera faict et parfaict, et ce pour son pot de vin, oultre l'acquict des susdictz deux cens escus et sans toucher à ce qu'il pourra avoir acordé avecq Sa Majesté de sondict prix faict, ny faire aulcun rabais d'icelluy. Et où ledict de Foix ne fera et acomplira ou n'aura faict faire et accomplir tout le contenu cy dessus, dans deux ans prochains venans et consecutifs, il est convenu et accordé que lesdictz sieurs lieutenant, echevins et gens du conseil dudict Bayonne et leurdict scindic seront et sont dès à present pour lors acquittés et deschargés de leur promesse, tant de l'acquit desdictz deux cens escus du susdict prest que des cent escus que ledict scindic a promis paier et bailler pour eulx, à la fin de ladicte œuvre, sy tant estoit qu'elle fut faicte et parfaicte; et au contraire ledict de Foix a promis et promet de rendre et paier ausdicts sieurs lieutenant, eschevins et gens de conseil de ladicte ville de Baionne absens, ou à leurdict scindic faisant pour eulx, et pour ceulx quy après luy seront à l'advenir, avecq moy dict notaire pour tous stippullant et acceptant, la susdicte somme de deux cens escus par eulx prestés audict de Foix dans ledict terme de deux ans prochains venans et consecutifs, à la peyne de tous despens, dommaiges et interets. Et pour l'entretenement de ce que dict, a esté aussy constitué personnellement avecq ledict de Foix, Guilhaume Bouginel, marchant, voisin et habitant de ladicte ville de Bayonne, estant à present en cestedicte ville de Bourdeaulx pour aulcuns siens affaires, lequel de son bon gré et dheuhment informé des choses susdictes et icelles luy aiant esté données à entendre par moy dict notaire, affin qu'il n'y pretendist cause d'ignorance, [a promis] à l'advenir tenir d'eulx ensemble et chacun d'iceulx seul et pour le tout, avecq expresse renonciation au beneffice de division et discution et ordre de droict, que pareillement leur a esté donné à entendre par moydict notaire ezdictes presences, [et] ont promis et promettent de rendre et restituer, ledict cas advenant, ladicte somme de deux cens escus avecque tous despens, dommaiges et interets dans ledict terme de deux ans acomplis de cejourduy dactte de ces presentes, et en ont chascun d'iceulx fait leur propre faict

et debtes, soubs lesdits renonciation de division et discution, et tout ordre
de droict, et pour ce faire ont toutes parties et chascune d'icelles en droict
soy obligé et hipothequé les uns envers les autres, scavoir est ledict
de Foix et Bouginel, solidairement ainsy que dict est, et leurs personnes
et leurs meubles et immeubles, presens et advenir, et ledict de Maubec,
scindic pour ses constituans, tous et chascuns les biens, rentes et revenus
de la maison comune de ladicte ville de Bayonne, qu'ils ont respectivement
soubsmis aulx jurisdictions et rigueurs de tous sieurs et juges, especialle-
ment lesdictz de Foix et Bouginel leurdictes personnes à la rigueur de
l'executeur du scel estably aulx contracts audict Bourdeaulx pour le Roy
nostre sire, avecque renonciacion à leur propre siege et donmicile et à
toutes autres renonciations à cedessus contraires et prejudiciables, et
aussy l'ont promis et juré à Dieu l'entretenir, moyenant ce que ledict
de Foix, par ces mesmes presentes, promet et sera tenu relever indempne
ledict Bouginel de ladicte plegerie avecques tous despens, dommaiges et
interests qu'il pourroit souffrir à raison d'icelle, et soubs les mesmes
obligations, rigueurs, soubsmitions, foy et serement que dessus.

Faict à Bourdeaulx, au donmicille de Mengon Desharats, bourgeois et
marchant dudict Bourdeaulx dans laquelle ledict de Foix habite, les jour
et an susdictz, en presence de Girault de Chamnond et Jehan Ducasse,
habitans audict Bayonne, tesmoings à ce appellés et requis, lesquels avecq
lesdictes parties ont signé à la cedde de ces presentes.

(Signé :) DOAMLUP, *notaire et tabellion royal.*

1593? **PERMISSION** demandée aux maire et jurats de Bordeaux par Louis de Foix,
au sujet du vin destiné aux ouvriers de la tour de Cordouan.

Archives municipales de Bordeaux, série EE. 227.

A Messieurs les maire et jurats, gouverneurs de la ville de Bourdeaux.

Supplie humblement Loys de Foix, vallet de chambre et ingenieur du
Roy : comme messieurs les tresoriers generaulx de France, par leur
ordonnance dont le vidimus est cy ataché, ayent permis au suppliant de

passer quarante tonneaux de vin pour icelluy porter à la tour de Courdouan pour la nourriture des artysans et manœuvres travaillant à la
construction de l'œuvre de ladite tour, en consequence du contract faict
par le suppliant avec Sa Magesté, ce consideré et que le suppliant offre se
purger que ledit vin est destiné et achepté pour ledict œuvre, il vous
plaise, de vos graces, ordonner que ledict suppliant jouira de l'effaict de
ladite ordonnance en luy bailhant son certifficat suivant icelle, et ferez
bien.
                              (Signé :) Loys de FOIX.

ORDONNANCE du roi Henri IV relative au paiement à Louis de Foix de la 10 Septembre 1593.
   somme de 86,000 écus pour les travaux de réédification de la tour de
   Cordouan.

Archives municipales de Bordeaux, série EE. 227.

Henry, par la grâce de Dieu, roy de France et de Navarre, à nos amez
et feaux conseillers, les president et tresoriers generaulx de France en
Guienne, establis à Bourdeaux, salut.

Par nostre arrest cy attaché, soubz nostre contre scel, cejourd'hui
donné en nostre Conseil, nous avons ordonné que, pour l'ouvraige jà faict
en la construction de la tour de Cordouan, ensemble pour les pertes et
degatz advenus à l'occasion des guerres, dommaiges et interests, fraiz,
voyaiges et recompenses de tout le passé jusques à present, il sera paié
entr'aultres sommes, à Loys de Foix, entrepreneur dudict œuvre, la somme
de trente-six mil escuz, oultre et par dessus les sommes jà par luy receues,
et pour ce qui reste à faire pour l'entier parachevement dudict œuvre,
suyvant le modelle arresté par les commissaires à ce deputés et mis pour
cest effect en l'hostel de nostre ville de Bourdeaux, et que ladicte somme
sera levée en trois années prochaines, scavoir, douze mil escuz sur chescune d'icelles sur la navigation et, pour ce, faire imposer vingt sols par
chescun thonneau, tant à l'entrée et issue des rivières Gironde et Dor-
doigne, de toutes sortes de denrées et marchandises. A ces causes vous
mandons, ordonnons et très expressement enjoignons que, suyvant ledict

arrest, vous ayez par l'ung des fermiers du subside de Royan, de present transferé aux Chartreux de nostredicte ville de Bourdeaulx, ou aultre qui sera deputté et choisi par nostre amé et feal couzin, le sire de Matignon, mareschal de France, et lesdicts commissaires, à faire doresnavant la levée desdicts vingt sols pour thonneau de toutes sortes de denrées et marchandises entrant et sortant desdictes rivières, et de tout faire faire et tenir bon et fidèle registre et contrerolle, lequel ledict fermier ou commis sera tenu rapporter et remettre à nostredicte chambre des Comptes, à Tours, pour verifiier ce qui en sera provenu; au paiement desquels vingt sols voullons, attendu que c'est un bien publicq, tous ceulx qu'il appartiendra estre contraincts en cas de reffus par toutes voyes raisonnables et accoustumées pour nos deniers et affaires, nonobstant oppositions ou appellations quelconques, pour lesquelles et sans prejudice d'icelles ne sera differé, pour estre ladite somme entière de trente-six mil escuz emploiée au parachesvement de ladicte œuvre de Cordouan, suyvant le contract qui a esté sur ce passé et delivré audict de Foix par lesdicts fermiers ou commis, en vertu des ordonnances de nostredict couzin et desdicts commissaires, par les quictances de celluy des receveurs de nos finances de vostre charge qui sera en exercice, lequel sera tenu compter desdicts deniers sur les quictances dudict de Foix en vertu de celles du trezorier des reparations de Guienne auquel ledict de Foix baillera ses acquitz, pour, par ledict trezorier en compter en nostredicte chambre, suyvant l'arrest d'icelle donné le treize apvril mil cinq cent quatre-vingt-neuf; à laquelle fin ledict tresorier des reparations sera tenu sur les peines y contenues de tenir ung commis audict Bourdeaux, chargé et fourni de ses blancs à l'acquit des receveurs generaulx pour en bailler audict de Foix, quant besoing sera, et rapportant cesdictes presentes ou vidimus d'icelles duement collationnées, avec lesdictes ordonnances et quictance, ce qui lui aura esté ainsy paié par lesdicts receveurs generaulx sera passé et alloué par les gens de nos Comptes audict Tours en la despense de leurdits comptes deduicts et rabattus de leurs recettes sans difficulté, nonobstant toutes lettres, mandements ou deffences à ce contraires, auxquelles et aulx derrogatoires des derrogatoires d'icelles, nous avons derrogé et derrogeons; commandons à tous nos officiers et subjects vous obeyr en ce faysant, car tel est nostre playsir.

Donné à Melun, le dixiesme jour de septembre, l'an de grace mil cinq cent quatre-vingt-treize, et de nostre regne le cinquiesme.

(Signé :) Par le Roy en soCn onseil : FAYET.

Et scellé du grand scel à simple queue.

(Signé :) DALESME.

EXTRAIT DES REGISTRES DU CONSEIL DU ROY

Sur la requeste presentée au Roy par maistre Loys de Foix, son inge-nieur ordinaire, le 17me mars mil cinq cent quatre-vingt-treize, par laquelle, pour les raysons y contenues, ledit de Foix pretendoit luy estre deues plusieurs et grandes sommes de deniers pour l'œuvre entrepris par luy de la construction de la tour de Cordoan, en ce qui estoyt jà faict, aussy pour les pertes, desgatz advenus à cause des guerres, dommaiges et interests par luy eus et soufferts, fraiz et voiages et aultres raysons plus à plain y desduictes, lesdictes sommes revenant, oultre et par dessus lesdictes sommes par luy receues, à la somme de soixante-six mil six cent trente escuz et pour la perfection et accomplissement de ladicte tour et platte-forme necessaire, suyvant le modelle quy auroyt esté arresté par les commissaires à ce deputtés par Sa Majesté; pretendoyt aussy, eu esgard au compte de ce faict par les experts, à raizon de dix-huict escuz la toyse, suyvant son premier marché du deuxiesme mars mil cinq cent quatre-vingt-quatre, luy debvoir estre paié la somme de soixante-huict mil quatre cent quatre-vingt-dix escuz, bien que les susdicts commissaires par leur advis du 6me apvril mil cinq cent quatre-vingt-douze n'aient ordonné audict de Foix pour tout le passé, tant de l'œuvre jà faict que pour toutes les pertes, desgatz, dommaiges interests et fraiz, que la somme de quinze mil escuz et pour ce qui reste à faire la somme seulle-ment de vingt-cinq mil escuz;

Vu ladicte requeste et memoires y contenus, ledict contract du deuxiesme mars mil cinq cent quatre-vingt-quatre; lestres pattentes de Sa Majesté du huictiesme d'apvril ensuyvant, portant rattification dudict contract; requeste presentée à Sa Majesté par ledict de Foix le cinquiesme febvrier mil cinq cent quatre-vingt-cinq, aulx fins d'ordonner que la desfense et

aultres ouvraiges par luy faicts par necessité, avec et par dessus son
contract, soient visittés et estimés; ladicte requeste renvoyée par Sa Majesté
auxdicts commissaires pour, après visittation faicte, luy en donner advis;
procès-verbal de Guillaume Coullom, jurat dudict Bourdeaux, commis par
lesdicts commissaires pour se transporter sur les lieux avec les experts
par luy choisis; le rapport desdicts experts par lequel ladicte desfense est
estimée de douze à treize mil escuz; lettre missive desdicts commissaires
du vingtiesme juillet audict an, par laquelle est mandé audict de Foix,
attendu la force de fondement, de faire les retraites moindres, affin d'y
asseoir ung plus grand ediffice que celluy porté par son premier modelle
du 2me mars, promettant lesdicts commissaires tenir la main à ce qu'il fut
recompensé de ceste augmentation par Sa Majesté; aultre requeste presentée au Roy par ledict de Foix, le sixiesme may mil cinq cent quatre-
vingt-six, aulx fins d'ordonner par Sa Majesté que ladicte augmentation
et aultres frais faicts, suyvant et despuis ladicte lettre du 21me juillet,
fussent veues, vizittées et prizés par personne à ce cognoissant, et que
l'estat des receptes et despenses par luy faictes sera veriffié, pour, le
tout veu par Sa Majesté, pourvoir tant à sa recompense que aux fonds
necessaires pour la perfection de tout l'œuvre; ladicte requeste renvoyée
aux commissaires pour, visittation et verification faictes, donner sur ce
leur advis à Sa Majesté; lestres pattentes du 24me apvril mil cinq cent
quatre-vingt-sept, pour cest effect addressant aulx trezoriers de France en
Guienne; procès-verbal desdicts trezoriers generaulx du 18me septembre
audict an; le rapport inseré avec l'advis desdicts trezoriers generaulx;
mesmoire presenté à Sa Majesté par ledict de Foix, le 6me apvril mil cinq
cent quatre-vingt-huict, contenant l'estat des advances, pertes, fraiz, dommaiges et interests par luy eus et souffertz jusqu'alors; information sur
ce faicte du 16me septembre mil cinq cent quatre-vingt-six; arrest du
Conseil du 9me juillet mil cinq cent quatre-vingt-huict, par lequel lesdicts
mesmoires, ensemble lesdictes informations sont renvoyées auxdicts commissaires pour, avec deux presidents du Parlement à Bourdeaulx et aultres
y denommés, procedder à la visittation requise et faire droict, ensemble,
si besoing estoyt, informer de nouveau et donner advis à Sa Majesté sur
quoy les deniers pourroient estre plus commodément prins, tant pour le

parachesvement de ladicte tour que recompense requise par ledict de.Foix; lettres pattentes de. commission du ixme juillet sur ce expediées; informations faictes en consequence d'icelle du 6me juillet mil cinq cent quatre-vingt-onze; aultres lettres pattentes du 17me juillet ensuyvant; requeste presentée à Sa Majesté par ledict de Foix du 3me aoust audict an; arres du Parlement de Bourdeaulx du 24me dudict mois par lequel ledict de Foix est renvoyé vers Sa Majesté; requeste dudict de Foix presentée à Sa Majesté le cinquiesme decembre ensuyvant; nomination de commissaires pour visitter ledit œuvre, faicte par Monseigneur le maréchal de Matignon, le 13me dudict mois; procès-verbal desdicts commissaires auquel est inséré le rapport constatant tant le toysé et estimation d'ouvraiges jà faict en la construction de ladicte tour de Courdoan, diffenses et talus d'ycelle, que aussy le toysé et l'estimation de ce qui reste à faire pour l'entier parachesvement dudict œuvre, ensemble de la platte-forme necessaire pour la conservation de ladicte tour, ledict advis desdicts commissaires du sixiesme apvril mil cinq cent quatre-vingt-onze, après que le commissaire à ce deputté à Sa Majesté a esté ouy en son rapport; tout considéré :

Le Roy, en son Conseil, ayant aucunement esgard à ladicte requeste du dix-septiesme mars dernier, a ordonné et ordonne que pour l'ouvraige jà faict en la construction de ladicte tour de Courdouan, ensemble pour les pertes et desgatz advenus à l'occasion des guerres, dommaiges et interestz, fraiz, voiages et recompenses de tout le passé jusques à huy, sera paié audict de Foix la somme de trente-six mil escuz, oultre et par dessus les sommes jà par luy receues, et pour ce qu'il reste à faire pour l'entier parachesvement dudict œuvre, suyvant le modelle arresté par lesdicts commissaires et pour cest effect mis en l'hostel de ladicte ville de Bourdeaulx, luy sera aussy paié la somme de cinquante mil escuz, lesdictes sommes de trente-six mil et cinquante mil escuz paiables en trois années proschainement venant, asçavoir : douze mil escuz d'une part, qui seront levés par chascune desdictes années sur la navigation, et pour cest effect sera impozé vingt sols par chescun thonneau entrant et partant en et de la rivière dudict Bourdeaulx, et toutes lettres et provision pour ce necessaires expediées audict de Foix; et seize mil six cent soixante-six escuz deux tiers, qui seront levés sur la generallité de Guienne et païs de Xainctonge, comme il a esté faict cy devant, pour et durant lesdictes trois années seullement, dans lequel temps ledict de Foix sera tenu rendre ledict œuvre entier et parfaict, ensemble ladicte platte forme, suyvant ledict modelle, à peine de tous despens, dommaiges et interests, dont sera passé contract avec ledict de Foix ; et seront lesdicts deniers ainsy levés, comme dict est, maniés et distribués jouste et sellon la forme prescripte par sondict premier contract du deuxiesme mars, et suyvant l'advis desdicts commissaires.

Faict au Conseil du Roy tenu à Melun, le dixième jour de septembre mil cinq cent quatre-vingt-treize.

Collationné. (Signé :) FAYET.

Collationné par moy, conseiller notaire et secretaire du Roy.

(Signé :) DALESME.

A Messieurs les president et trezoriers generaulx de France en la charge et generallité de Guienne.

Supplie humblement Loys de Foix, ingenieur ordinaire du Roy :

Comme le Roy par son arrest donné en son Conseil privé ayt voullu et ordonné que, pour le remboursement des fraics et mises faicts et advancés par le suppliant et auttres pertes, degatz, dommaiges et interretz par luy soufferts sur l'œuvre de la tour de Courdouan par luy entreprise, il fut, entr'auttres choses, imposé et levé la somme de trente-six mil escuz sur la navigation et que, pour cest effect, il fut impozé vingt sols pour chescun thonneau entrant et sortant en et de la rivière de Bourdeaulx, et oultre la somme de cinquante mil escuz sur la generallité de Guienne, comme il auroyt esté faict ci-devant durant le temps de trois années, ainsy qu'il est amplement desclairé par ledict arrest et lettres pattantes, que Sa Majesté luy en a, sur ce, faict expedier, le tout cy attaché, il vous playse, de vos grâces, veriffier ledict arrest et lettres-pattantes, et du contenu dudict arrest et lettres le fayre plainement joir et, à ses fins, proceder aux impositions et departement, ainsy qu'il vous est mandé fayre par icelle, suyvant la vollonté du Roy, et ferez bien. (Signé :) LOYS DE FOIX.

Collationné par moy, conseiller, notaire et secretaire du Roy.

(Signé :) D'ALESME.

Henry, par la grâce de Dieu, roy de France et de Navarre, à nos amez et feaulx conseillers, les president et threzoriers generaulx de France en Guienne establiz à Bourdeaulx, salut.

Estant très necessaire et important à nostre service et au bien publicq de nos subjets que la tour de Cordoan, scyse à l'entrée de la rivière de Gironde, servant à la navigation et au trafficq et commerce qui se faict en nostre province de Guienne et aultres de nostre royaulme, soit para-chevée, comme le feu Roy, nostre très honoré seigneur et frère, que Dieu absolve, avoit ordonné et empesché que ce qui y est jà faict ne deperisse, ny pouvant suffire les moyens qui ont esté ordonnés et levés pour cest effect, nous aurions depputté aulcuns de nos principaux officiers en ladicte province pour, avec nostre très cher couzin, le sieur de Matignon, mareschal de France, faire visitter l'œuvre faicte en ladicte tour et ce qui restoyt à faire, pour nous en donner advis, et où les deniers pourroient estre plus commodement prins pour la perfection d'icelle; laquelle vysitte ils auroyent faicte accompagnés d'experts et sur tout nous auroient donné et envoyé leur advis, lequel veu en nostre Conseil et la requeste sur ce presentée en icelluy par nostre bien amé maistre Loys de Foix, nostre ingenieur ordinaire et entrepreneur de la construction de ladicte tour :

Après en avoir meurement deliberé en nostredict Conseil, nous aurions ordonné audict de Foix, oultre les sommes jà par luy receues, tant pour ce qui luy est deub de l'ouvraige jà faict, pertes et desgatz advenus à l'occasion des guerres, dommaiges et interestz, fraiz et recompense dudict de Foix que pour l'entier parachesvement de ladicte tour, suyvant le modelle arresté par lesdicts commissaires, la somme de quatre-vingt-six mil escuz, qui luy seroit paiée en troys années esgallement prochaines et consecutives, et que portion d'icelle somme seroyt levée avec les deniers de nos tailles sur nostre generallité, qui se ressent et a grands interests à ladicte construction.

A ces causes, nous voullons et vous mandons que, sur nos subjects, manans et habitans de ladicte generallité et païs et senechaussée d'Age-nois, Condomois, Perigort, les Lannes, Guyenne et Bourdelloix, qui ont accoustumé contribuer à ladicte construction, vous ayez à faire asseoir, impozer et lever, avec les deniers de nos tailles et sur les contribuables à icelle, le fort portant le faible, le plus justement que faire se pourra, durant lesdictes trois années, la somme de trente-trois mil trois cent trente-trois escuz ung tiers, qui est par chacune d'icelle onze mil cent onze escuz sol huict deniers tournois, à commencer en la prochaine, avec les fraiz et droicts raisonnables des officiers pour la levée et recepte desdicts deniers et reddition de leur compte, tout ainsy et en la mesme forme que si lesdictes sommes estoient comprinses aulx commissions desdictes tailles et estat qui vous en ont esté et seront expediées chacun an, affin que, suyvant ce que nous avons ordonné, icelle somme puisse revenir et estre employée au faict de ladicte tour et que la levée en soit plus facillement et commodement faicte, sans qu'il vous soyt besoing en avoir aultre commission et mandement que ces presentes, que nous voullons servir pour lesdictes années, contraignant et faisant contraindre les cothizés au paiement de la costhe, nonobstant opposition ou appellation quelconques comme il est accoustumé pour nos deniers et affaires, pour estre lesdictes sommes portées par chascun quartier avec les deniers de nosdictes tailles en la recepte generalle de nos finances audict Bourdeaulx, et par les receveurs d'icelles fourny en vertu et par les quictances du trezorier general des œuvres et fortiffications de Guienne, à mesure que la recepte s'en fera, qui les emploiera au paiement dudict de Foix et parachevement de ladicte tour de Cordoan, suyvant les arrests de nostredict Conseil et de nostre chambre des Comptes, dont ledict tresorier rendra compte en nostredicte Chambre, sellon le deub de sa charge, de ce faire vous donne plein pouvoir et mandement special, mandons à tous nos officiers et subjects qu'à vous, en se faysant, soit obéi, car tel est nostre playsir.

Donné à Chartres, le huictiesme jour d'octobre, l'an de grâce mil cinq cens quatre-vingt-treize, et de nostre regne le cinquiesme.

(Signé :) Par le Roy : RUZÉ.

Et scellé du grand scel à simple queue, et au dos est escript : enregistré au Controlle general des finances par moy soubsigné, à Chartres le dixiesme d'octobre mil cinq cent quatre-vingt-treize.

(Signé :) DE SALDAIGNE.

Collationné par moy, conseiller, notaire et secretaire du Roy.

(Signé :) D'ALESME.

CONTRAT entre les mandataires du Roi et Louis de Foix, relatif à la réédification de la tour de Cordouan.

18 Juin 1594.

Archives nationales. Manuscrits français, n° 18159, f° 2

Louis de Foix s'engage envers les mandataires du Roi à poursuivre les travaux de reconstruction de la tour de Cordouan et même à les augmenter, suivant le devis indiqué et d'après le modèle en pierre déposé à l'Hôtel de Ville de Bordeaux. Il recevra pour cela la somme de cinquante mille écus, indépendamment de celle de trente-six mille écus qui lui est due pour les travaux déjà faits. Enfin, en cas de décès de Louis de Foix, son fils Pierre de Foix le remplacera aux mêmes conditions.

———

Pardevant Hilaire Libault et François Bergeou, notaires du Roy nostre sire en son Chastelet de Paris, fut present en sa personne : Loys de Foix, ingenieur ordinaire du Roy, demeurant à Bayonne, estant de present en ceste ville de Paris, lequel, de son bon gré, recongneut et confessa avoir promis et promect par ces presentes au Roy, nostre sire :

Messire Philippes Hurault, conte de Cheverny, chancelier de France ; reverendz peres en Dieu : messires Regnault de Baulne, patriarche, archevesque de Sens (¹) et grand aumosnier de France ; Charles Descars, evesque et duc de Langres, pair de France ; messire Jehan de Baionne, sieur de Saint-Gouart, marquis de Pizany, chevalier des ordres du Roy et tous conseillers en ses Conseils d'Estat et privé ; nobles hommes : Me Charles de Saldaigne et Jacques Vallée, conseillers dudit sieur Roy en ses Conseils d'Estat et privé ; intendants et conseillers generaulx de ses finances, et Loys Picot, conseiller dudit sieur intendant et controlleur general desdites finances, stipulans et ce acceptans pour Sa Majesté ;

De faire et parfaire, bien et deuement, au dire d'expers et gens à ce congnoissans, les ouvrages cy après declarez pour le parachevement de la nouvelle edification de la tour de Cordouan et accroissement des diametres, en l'augmentation des œuvres, outre le premier contract faict le deuxième mars xvᶜ iiiˣˣ iiii, selon le modelle de ce faict en pierre, mis en

(¹) Regnault de Beaune, archevêque de Bourges, avait été nommé archevêque de Sens le 26 mai 1594.

l'hostel de ville de Bourdeaux, et suivant l'arrest de Sa Majesté donné en son Conseil le x⁰ septembre iiiiˣˣ xiii;

C'est assavoir de faire bastir, construire et ediffier une grande platte forme qui environnera tout alentour le pied de ladite tour par le dehors du batardeau de charpente ; laquelle platte forme aura soixante-trois thoises de circuit par le pied, et sera ediffiée suivant les mesures que les expertz ont trouvé sur le modelle et speciffié en leur rapport, dont la meuraille aura par le pied et fondement d'icelle quinze piedz de largeur en la haulteur de trois piedz, faictz de massonnerie à chaux et ciment, et sur icelluy fondement, ung pied ; près au bord, sera élevé ung grand tallus qui aura le parement de pierre de taille de Royan, en grand boutis et liaisons, et par derrière de ladite taille sera garny de maçonnerie corespondante au plomb du dedans de la muraille en la haulteur de dix-huit piedz, jusques pardessus son cordon, sans y comprendre lesdits trois piedz de fondement ; et aura ledit tallus neuf piedz de pante jusques audit cordon, qui feront cinq piedz d'espoisseur qui restera au hault de ladite muraille, à l'endroict d'icelluy ; et au dessoubz dudit cordon y aura ung parapel de six piedz de hault sur ladite espoisseur de cinq piedz à l'entour duquel parapel y aura quatre garittes toutes de pierre de tailles, comme il est dict au modelle, pour flanquer le dehors de ladite platte forme ; tout ce que dessus, revenant à soixante-sept mil huict cens quatre-vingts piedz cubicques, reduictz et thoisés à mil huict cens quatre-vingtz-cinq thoises de trente-six piedz chascune, sans en ce comprendre les pierres de tailles pour paver le dessus de la platte forme, ne aussy la pierre seiche de blocquage pour remplir le corps d'icelle qui demeure comparée pour le batardeau que ledit de Foix estoit tenu remplir et couvrir.

Item, de parachever le corps de ladite tour par dessus la grande corniche jà faicte jusques à sommité du dernier dosme qui sera posé sur la tour et fanal, comme est figurée et representée audit modelle et selon le rapport des expertz ; lequel aura quarente piedz de diamettre, de dehors en dehors, sur la haulteur de dix-neuf piedz pour l'estaige susdit qui aura le parement de dehors de la susdite pierre de taille de Royan, au dessus de ladite grande corniche, dans laquelle seront faictz les six arcades et l'escalier à vis, le tout suivant le desceing representé audict modelle avec sa voulte, la thoise du susdict estage monte à dix-sept mil huict cens quatre piedz cubicques, et en thoises de trente-six piedz chascune, quatre cens quatre-vingtz-quatorze thoises ung piedz.

Et pour le parachevement du surhaussement de ladite tour, par dessus ledit estaige, faire et bastir le corps de la chappelle en mesme diamettre de quarente piedz, de dehors en dehors, avec le parement de pierre de taille de Royan par ledit dehors, laquelle chappelle aura son grand dosme qui portera la lenterne avec son petit dosme pour couvrir le fanal de la haulteur de cinquante-six piedz, sans comprendre la piramide, laquelle chappelle doibt estre guernie par le dedans de pierre de Taillebourg, ornée et enrichie de plusieurs belles niches et vitriaux, comme aussy par intervalle en pillastres garnis de leurs piedz d'estailz et chappiteaulx d'ordre corinthe; leurs architrave, frize et corniches enrichies d'ornemens, comme aussy au dedans du grand dosme de ladite chappelle y seront enrichiz les parquetz de taille, ainsy qu'il est represente audict modelle, avec toutes les portes et fenestres, pont-levis, viltres, grilles et fermes qu'il convient audict bastiment, suivant le premier contract faict avec ledict de Foix, qu'il sera tenu faire et parfaire; revenant l'eslevation et surhaussement de ladite chappelle, avec son grand dosme, la lenterne et le petit dosme que couvre le fanal, au nombre de soixante-neuf mil cent piedz cubicques qui sont en thoise de xxxvi piedz chascune mixᵉxix thoises quatorze pieds; toutes les dessusdites thoises, tant pour le surhaussement de ladite tour que de la susdite platte forme, comme dessus est declaré, montant ensemble au nombre de trois mil huit cens quatre thoises quatorze piedz.

Et pour faire et parfaire les dessusditz ouvrages, fournir, querir et livrer par ledit de Foix toutes matière et estoffes, tant pierre de taille, taille d'icelle et autres pierres, chaux, sable, plastre, portes, huis, fenestres, treillis, pont levis, bois, engins, eschaffaudaiges et autres matières qu'il conviendra, et y besongner et faire besongner incessamment, sans discontinuation jusques à perfection, ceste promesse faicte moyennant la somme de cinquante mil escuz sol, à laquelle auroit esté convenu avec ledict de Foix, pour ledict parachevement d'œuvre, laquelle somme de cinquante mil escuz sol sera baillée, payée et delivrée à icelluy de Foix en trois années consecutives par les ordonnances des commissaires intendans dudict œuvre, ainsy, à mesure que ladicte besongne et ouvrages susdits s'advenceront, par les receveurs generaulx de Guienne et Limoges, en vertu des quittances du tresorier des reparations de Guienne, auquel ledit de Foix baillera ses quittances; et à ceste fin sera enjoinct audict tresorier des reparations de tenir ung commis audict Bourdeaux, chargé de ses blancz, à l'acquict desdicts receveurs generaulx, pour en bailler audict de Foix par chascun quartier desdites trois années, suivant ledit arrest du x⁰ septembre M v⁰ IIII^xx XIII, en ce qui escherra en chascun de ses quartiers, tant à ce qui luy a esté ordonné par le Roy et nosdits seigneurs de son Conseil, pour ce qui luy est deu, montant la somme de trente-six mil escuz, que lesditz cinquante mil escuz pour ledict parachevement d'icelle œuvre qui font ensemble la somme de quatre-vingtz-six mil escuz sol, qui revient par quartier esdictes trois années sept mil cinq cens soixante-six escus deux tiers; et à ceste fin les impositions tiendront lieu suivant ledit arrest.

Et advenant que les maire et juratz de la ville de Bourdeaulx ne voulsissent consentir ad ce que l'imposition, qui est de vingt solz pour tonneau sur la navigation pour ladite somme de trente-six mil escuz, feut imposée pour estre levée esdictes trois années suivant ledit arrest, en ce cas et faisant apparoir par ledit de Foix de reffuz, ladite somme de trente-six mil escuz sera esgallée sur le plat païs de la Guyenne, Tholose et de Xaintonge, contribuables à ladite œuvre et paiable par tiers et esgalle portion ès années xv⁰ IIII^xx xv, IIII^xx xvi et IIII^xx xvii, qui fera la somme de douze mil escuz par chascune desdites années, et à ces fins toutes lettres luy seront expediées.

Laquelle susdite somme de trente-six mil escuz adjugée audict de Foix par ledict arrest du xme septembre IIII^xx XIII, pour ce qui luy est deu de reste du passé desdits ouvrages par luy faictz, ensemble pour les pertes, desgastz advenuz à l'occasion des guerres, luy sera paiée par lesditz receveurs generaulx, suivant l'arrest de la Chambre, en vertu desdites quittances du tresorier des reparations de Guienne seullement, sans que pour cest effect ledict de Foix soit tenu d'obtenir autre ordonnance desdits commissaires que le susdit arrest, et ce present contract veriffié en la chambre des Comptes.

A la charge que ledit de Foix ne sera tenu continuer ladite œuvre que au prealable les deniers de chascun desdits quartiers, tant de ce qui concerne lesdits trente-six mil escuz à luy deubs du passé, que lesdits cinquante mil escuz pour le present marché ne luy soient payez pendant lesdites trois années, à commencer du jour et datte du premier payement qui luy sera faict par lesdits receveurs generaulx de Guienne, Limoges et Tholose, et consecutivement à mesure que ladite œuvre s'acheminera ; et où lesdits receveurs generaulx ne continueroient à faire lesdits payemens ausdits termes prefix par ledit arrest, ou ung mois après le quartier escheu, sommation faicte ausdits receveurs pour toute dilligence, ledict de Foix poura discontinuer l'œuvre ; auquel cas il sera relevé et indenpnisé de tous despens, domages et interestz, ainsy qu'il appartiendra et sera trouvé par le dire et rapport des memes expertz, avec prolongation d'aultant de termes que ledit chaumaige et perdition de temps aura duré ; et sera demandé par lettres pattantes à nos seigneurs des Comptes sur la verifficacion de ce contract et tresoriers generaulx de France ez generalitez de Bourdeaux, Tholose et Limoges, tenir la main que lesdits receveurs, tant generaulx que particuliers, en ce qui concerne les deniers dudit œuvre, n'ayent à manquer à faire toutes deues dilligences et accellerations d'iceulx.

Aussy a esté accordé audit de Foix, suivant son premier contract, que tous les vivres, estoffes et matières qui seront necessaires et employées à ladite œuvre et construction de Cordoan ne seront contribuables, tenuz ne subjectz à aucune imposition ne subcide, soit sur les rivieres de Garonne, Dordongne et Gironde ; et à ceste fin sera mandé par expertz à tous fermiers et autres laisser jouir plainement ledit de Foix de ladite franchise durant lesdites trois années, comme il en a cy devant jouy et usé.

Et, pour subvenir aux gaiges de quatre cens escuz par an audit de Foix ordonnés luy estre continuez, suivant l'arrest de ladite chambre des Comptes du xxviii° jour d'aoust xv° iiii^{xx} xi, tant pour le passé que pour l'avenir, et autres gaiges et taxations d'officiers qu'il conviendra, a esté accordé qu'il seroit prins sur les restes des precedentes impositions generales deues par les païs contribuables à ladite œuvre de Courdoan, depuis l'année xv° iiii^{xx} ii jusques au jour et datte dudit arrest du x° septembre xv° iiii^{xx} xiii et autres

7

assignations, tant sur les deniers de la comptablie de Bourdeaux que autres cy devant imposez pour ladite œuvre sur les senechaussées de Tholose, Loragais et Albigeois, sur lesquelz ledit de Foix recepvra sesdits gaiges et ce qui luy est ordonné pour son œuvre jusques à la concurance de la somme de quatre-vingtz-six mil escuz, en vertu des acquictz dudit tresorier à la descharge dudit receveur general qui baillera audit de Foix ses rescriptions sur les receptes particulières pour le recouvrement desdits restes et en faire les poursuittes, sy bon luy semble, où les receveurs particuliers n'eussent faict de dilligence de porter lesdits deniers ès receptes generalles d'aultant que les deniers nouvellement imposez ne se pourront lever entierement, pour y avoir des non valleurs sur ledit païs et autres fraiz qui pourroient causer le retardement du payement dudit de Foix, et par ainsy luy conviendra faire des poursuittes, de fournir aux fraictz; desquelz fraiz sera faict taxe audit de Foix par lesdits sieurs tresoriers generaulx de Guienne et Limoges pour son remboursement, telle qu'ilz verront estre raisonnable.

Et d'aultant que ledit de Foix pretend avoir faict grandes pertes, et aussy que luy est faict diminution et rabais, tant sur les œuvres precedentes par luy faictes que sur le present marché qu'il pretend se monter à la somme de quarente-cinq mil escuz, chose insuportable, eu esgard audit bastiment et au lieu où il est construict, ledit de Foix n'entend prejudicier à la recompence à luy promise par le Roy, par son arrest dudit jour, dixiesme septembre xve iiiixx xiii, par lequel Sa Majesté a declaré qu'elle auroit esgard ausdites pertes et promis en faire honneste recompence audit de Foix, après que l'œuvre sera parachevée.

Et advenant que ledit de Foix vint à decedder pendant ledit temps, et que ladicte œuvre ne fust parfaicte, ainsy que dict est, et que lesdicts payemens portez par ledict arrest donné à Melun, le xe septembre iiiixx xiii, ne feussent accomplis, tant de ce que luy est deub du passé que pour le present marché, en ce cas Pierre de Foix, son fils, pour ce present, stipulant, acceptant et comparant, reprendra les erremens de sondit père tant pour parachever ledit œuvre, suivant ledit modelle et conditions portées par ledit contract, que pour le recouvrement des sommes à luy deues jusques à l'acomplissement d'icelle et, outre ce, pour recouvrer ladite recompense à luy promise par ledit arrest du x⁰ septembre ιιιˣˣ xιιι, après le parachevement dudit œuvre.

Laquelle estant parachevée, tous les ustancilles, artiffices, batteaux, chevaulx, attelages, ensemble la despouille de tous les logis, magazins et moulins que ledit de Foix a faict et pourra faire, luy demeureront comme est porté par son premier contract.

Et à ces fins, pour l'entretenement et conservation de tous les dessus-dicts articles, suivant l'advis de monseigneur le mareschal de Matignon, lieutenant general audit païs de Guienne et des commissaires, ladite œuvre sera cependant visitée de trois moys en trois moys aux despens de qu'il appartiendra, autres toutes fois que dudit de Foix, pour ne diminuer le fondz ordonné pour son œuvre, et par ung des juratz de Bourdeaux, ou autre que adviseront lesdits sieurs commissaires, qui sera deputé pour veoir comme ledit bastiment sera manié et conduict jusques à son entière perfection, sy bon leur semble, pour en faire par après une visitte gene-ralle par lesdits sieurs commissaires à la descharge dudit de Foix, sans attendre autres lettres que ce present contract, afin que l'on ne puisse imputer aucune chose audict de Foix, au cas que lesdicts sieurs commis-saires ou juratz en feissent ladite visitation de trois mois en trois mois, comme dict est; lequel de Foix, non obstant ce, ne delaissera à continuer ledit œuvre ou cas qu'il en soit d'ailleurs empesché, car ainsy le tout a esté accordé en faisant et passant ces presentes; promettant, obligeant ledict de Foix comme pour les propres affaires du Roy; renoncement, etc.

Faict et passé multiple, l'an mil cinq cens quatre-vingtz-quatorze, le dix-huictiesme jour de juing; et ont lesdits sieurs de Cheverny, arche-vesque de Bourges, de Langres, de Pizany, de Saldaigne, Vallée, Picot, ensemble lesdits de Foix père et filz, signé la minutte des presentes.

(Signez :) LIBEAULT et BERGEON.

Puis est escryt ce que s'en suyt :

Registré en la chambre des Comptes, ouy sur ce le Procureur general du Roy pour jouir par ledict Loys de Foix de l'effect et contenu en icelle, sellon sa forme et teneur, le vingtiesme jour de juillet, l'an mil cinq cens quatre-vingt-quatorze.

(Signé :) DE LA FONTAINE.

9 Juillet 1594. **RATIFICATION** par le Roi du contrat passé entre ses mandataires et Louis de Foix, au sujet de la réédification de la tour de Cordouan.

Archives municipales de Bordeaux, série DD. 227.

Henry, par la grâce de Dieu, roy de France et de Navarre, à tous ceulx qui ces presentes lettres verront, salut.

Nous, desirant pour le bien, commodité et seureté de la navigation et commerce de nostre païs de Guienne, Xainctonge et aultres provinces de nostre royaulme, faire continuer l'ediffication de la tour de Cordouan, size au milieu de l'embouchure de la rivière de Garonne, à l'entrée de la mer oceanne, pour servir de fanal aux navigateurs, nous en avons faict faire et passer en nostre Conseil d'Estat le contract cy attaché, soubz le contre-scel de nostre chancellerie, avec nostre cher et bien amé maistre Louys de Foix, nostre ingenieur et vallet de chambre ordinaire, aux prix, clauses et conditions portées et contenues par ledict contract, lequel depuis et d'abondant ayant encore esté par nous veu et entendeu le contenu en icelluy pour les accroissements dudict ediffice, selon le modelle que ledict de Foix a mis et delivré pour cest effect en l'hostel de nostre ville de Bourdeaux, ainsy qu'il nous a deuement faict apparoir par la certification de nostre cher et bien amé cousin le sieur de Matignon, mareschal de France et nostre lieutenant general en nostre pays de Guienne, et des commissaires intendants de ladicte œuvre, ensemble de nos principaulx officiers de nostredicte ville; nous avons approuvé, ratiffié, validé et agréé, approuvons, ratiffions, validons et agréons ledict contract, voullons et nous plaist qui sorte son plain et entier effect en toutes et chacune les clauses et conditions apposées à icelluy, comme faict pour le bien de nos affaires et services, et très necessaire pour la commodité du commerce de nos subjects et des estrangers en cestuy nostre royaulme, mesme en nostredicte rivière de Gironde, et promecttons de nostre part, en bonne foy et parolle de Roy, icelluy entretenir, garder et observer de poinct en poinct, selon sa forme et teneur.

Mandons à cest effect à nos améz et feaulx, les gens de nos Comptes à Paris, icelluy contract veriffier et faire registrer, et à nos aussy amés et

feaulx conseillers, les president et tresoriers generaulx de France ès generallités dudict Bourdeaux, Limoges et Thoulouze, icelluy entretenir en
toutes lesdictes clauses y apposées, et de passer et allouer en estat et
compte que seront par devant ung chascun de vous presantées et rendues
par ceulx qui feront ladicte recepte et payement des deniers destinés pour
employer à l'effect de la construction de ladicte tour de Cordouan, toutes
et chascunes les sommes de deniers qui seront payées audict de Foix,
sellon que luy a esté promis et accordé par ledict contract, en rapportant
les ordonnances des commissaires qu'il appartiendra et les quictances
dudict de Foix, sans y faire aulcune difficulté, car tel est nostre plaisir.

En tesmoing de quoy, nous avons faict mettre nostre scel à cesdictes
presantes.

Donné à Paris, le neufviesme jour de juillet, l'an de grâce mil cinq cens
quatre-vingt-quatorze, et de nostre reigne le cinquiesme.

Signé sur le reply : par le Roy en son Conseil, de Beaulieu, et scellé
sur double-queue du grand sceau de cyre jaulne; plus sur ledict reply est
escrypt ce que ensuict :

Registré en la chambre des Comptes, ouy sur ce le procureur general
du Roy, pour jouir par ledict Loys de Foix de l'effect et contenu en icelles,
sellon leurs formes et teneur, le vingtiesme jour de juillet l'an mil cinq
cent quatre-vingt-quatorze.

Signé : de La Fontaine; et plus bas est escrypt : Extrait des registres
de la Chambre des Comptes, signé : De La Fontaine.

Donné pour coppie par moy, greffier des finances en Guyenne.

(Signé :) BRIAND.

MANDEMENT de Henri IV relatif au paiement à Louis de Foix de la somme   8 Novembre 1594.
de trente-six mille écus pour les travaux de la tour de Cordouan.

Archives municipales de Bordeaux, série EE. 227.

Après avoir rappelé que, à la requéte des villes de Bordeaux, Libourne, etc.,
le subside de Royan et le convoi de Bordeaux ont été remplacés par un droit sur

les navires entrant dans cette ville, le Roi ordonne de payer à Louis de Foix, sur ce nouveau droit, la somme de trente-six mille écus pour les travaux de la tour de Cordouan.

———

Henry, par la grâce de Dieu, roy de France et de Navarre, à noz amez et feaulx conseillers les president et trezoriers generaulx de France en la generallité de Guienne establys à Bourdeaux, salut.

Par arrest donné en nostre Conseil le dixième jour de septembre mil cinq cent quatre-vingt-treize, nous aurions ordonné à maistre Loys de Foix, notre ingenieur ordinaire, la somme de trente-six mil escuz tant pour l'ouvrage jà faict en la construction de la tour de Cordouan que pour les pertes et degatz advenus par les guerres, dommaiges et interestz, fraiz, voiages et recompenses dudit de Foix du passé, et qu'elle lui seroyt payée oultre les sommes par luy receues; et pour ce qui reste à faire pour le parachevement de ladite œuvre, suivant le modelle arresté par les commissaires et intendans d'icelle et mis en l'hostel de nostredicte ville de Bourdeaux, qui luy sera semblablement payé cinquante mil escuz, lesdites sommes payables en troys années, à les prendre et lever ainsy et où il estoit dict par ledict arrest, à la charge que dans ledict temps ledict de Foix seroit tenu rendre ladicte œuvre entiere et parfaicte, ensemble la plate-forme de ladicte tour, pour assceurance de quoy seroit passé contract avec luy; auquel dès lors nous en aurions faict despescher les provisions que l'affaire requeroit, pour par vous proccedder aux impositions pour ce ordonnées; et après, ledict contract auroyt esté passé en nostredict Conseil, mesmes esté approuvé et ratiffié par nos lettres du neufviesme juillet dernier, registrées en nostre Chambre des comptes le vingtiesme dudict moys; et sur les remonstrances naguères à nous faictes par les maire et jurats et habitants de nostredicte ville de Bourdeaux, Cadillac, Libourne et autres villes de la senechaussée de Guienne, par aultre nostre arrest du quinziesme d'octobre aussy dernier, le subcide de Royan ensemble le convoy establys audict Bourdeaux ont esté par nous esteinctz et abolys, et au lieu d'iceulx ordonné ung nouveau subcide sur les marchandises passant et descendant au havre dudict Bourdeaux, à condition de payer des premiers deniers qui en parviendront par maistre

Henry de Lanssade, commis à la recepte d'icelle, les sommes particulières declairées audict arrest aux personnes y denommées, entre autres audict de Foix celle portée par ledict contract passé avec luy pour le parachevement de ladicte tour, lequel est cy attaché avec ledict arrest du quinziesme d'octobre.

Pour ces causes, voullons, vous mandons et très expressement enjoygnons, conformement auxdicts contract et arrest, tenir la main que le reglement ordonné par ycelle des sommes que nous entendons estre levées sur ledict nouveau subcide soit executé, observé et entretenu sans enfreindre, et fayre payer ledict de Foix par ledict de Lanssade de la susdicte somme de trente-six mil escuz, contenue en son contract, à mesure que lesdicts deniers se leveront et que les payemens en soient faicts sur les quictances du receveur general en Guienne qui sera en exercice, lequel en comptera en vertu des quictances du tresorier des reparations dudict pays, lequel tresorier rapportera celle dudict de Foix en nostre Chambre des comptes, suivant l'arrest d'icelle du treiziesme apvril mil cinq cent quatre-vingt-neuf, pour esvyter le divertissement; et affin que ladicte œuvre ne soit delaissée à faulte d'y satisffaire, et qu'il n'en advienne dommaige au public, ledict payement sera accelleré audict de Foix suivant nostre intention, quoy faire et obeir vous ferez contraindre en cas de reffuz tous ceulx qui pour ce seront à contraindre, par les voyes et constraintes en tel cas accoustumées, et comme pour noz deniers et affaires, nonobstant oppositions ou appellations pour lesquelles ne voullons estre differé et quelzconques mandemens, deffences et lettres à ce contraires, et rapportant par celluy ou ceulx des comptables à qui y pourra toucher les presantes ou vidimus d'icelles pour une foys et les quictances dudict de Foys, voullons ce qui aura esté payé à la cause susdite estre passé et alloué en la despense de leurs comptes et rabateu de leur recette par nos amez et feaulx lez gens de noz comptes à Paris, ausquels nous mandons et ordonnons aussy le fayre sans aulcune difficulté, car tel est nostre plaisir.

Donné à Sainct-Germain, le vIIIᵉ jour de novembre, l'an de grâce mil cinq cent quatre-vingt-quatorze, et de nostre reigne le sixiesme.

Ainsy signé : par le Roy en son Conseil, FORGE, et scellée du grand sceau de cire jaulne sur simple queue pendante.

Messieurs les president et tresoriers generaulx de France en Guyenne.

Supplie humblement Louys de Foix, vallet de chambre et ingenieur ordinaire du Roy, disant qu'il auroit pleu à Sa Majesté, par ses lettres pattantes données à St-Germain, le huictiesme jour de novembre dernier, ordonner que le suppliant sera payé de la somme de trente-six mil escuz, tant pour l'ouvraige jà faict en la construction de la tour de Courdouan, que pour les pertes et degatz advenus par les guerres et pour les dommaiges et interetz, fraiz, voiaiges et récompenses dudict suppliant, par maistre Henry de Lanssade, conseiller du Roy, comptable de Bourdeaux et commis à la recepte des deniers provenant du nouveau subside pour l'extinction de Royan et du convoy, et ce des deniers provenant dudict subside. Ce consideré, qu'il vous playse de vos graces voir et verifier lesdictes lestres, et du contenu d'icelles fayre jouir ledict suppliant, ainsy que Sadicte Majesté veult et vous mande, sy ferez bien.

La presente requeste et lestre sus mentionnée seront monstrées et signiffiées audict de Lanssade pour venir dire au prochain bureau ce que bon luy semblera et, luy oy, estre ordonné ce qu'il appartiendra, mandant au premier des huissiers du bureau sur ce requis faire tous exploicts néces saires en vertu de la presente seullement.

Faict à Bourdeaux, au bureau des finances en Guienne, le IVme jour d'apvril mil cinq cent quatre-vingt-quinze; collationné sur le registre dudict bureau, ainsy signé : BRIAND, greffier.

Le cinquiesme jour du moys et an que dessus, je, huissier des finances en Guienne, soubz signé, certiffie avoir monstré et signiffié à maistre Henry de Lanssade, conseiller du Roy et son comptable de Bourdeaux et commis à la recette du nouveau subside qui se lève en la presente ville, l'ordonnance cy de l'aultre part escripte et lettres pattantes du Roy mentionnées en la susdicte ordonnance et requeste, et ce parlant à luy trouvé en sa mayson, qui a eu coppie du tout et a faict response qu'il requiert que lesdictes lettres pattantes soyent monstrées et communiquées à MM. les Jurats de la presente ville pour après dire ce qu'il appartiendra.

Fait à Bourdeaux lesdits jours, moys et an que dessus, par moy. Signé : ROBERT.

Le sixiesme jour des moys et an, les lettres pattantes, requeste et ordonnances cy dessus transcript ont esté signifiées à maistre Gabriel de Lurbe, procureur du corps de ville et aux maire et jurats de la presente ville, pour le tout communiquer et fayre savoir auxdicts maire et jurats par moy, huyssier collecteur des finances en Guienne.

(Signé :) DEVIENANG.

VISITE des travaux de la tour de Cordouan par Pierre de Brach et Gratien d'Olive. 15 Septembre 1595.

Archives municipales de Bordeaux, série EE. 227.

Sur l'ordre du maréchal de Matignon, les jurats de Bordeaux désignent deux de leurs collègues, Pierre de Brach et Gratien d'Olive, pour inspecter les nouveaux travaux de la tour de Cordouan.

Le sabmedy, seizième jour de septembre mil cinq cents quatre-vingt-quinze, sur la proposition faicte en jurade, dans la maison commune de la ville de Bourdeaulx, qu'il est necessaire, tant pour la charge et mandement exprès que monseigneur de Matignon, mareschal de France, auroyt donné à son despart aux sieurs jurats de ladicte ville de deputer l'un d'eux pour aller à la tour de Courdouan pour voir l'avancement de la structure de ladite tour, que aussy pour contenter le peuple en sa plainte de la grande levée de deniers qui se fait et se continue de si longtemps sans intermission, bien que l'œuvre soit intermise, ont esté nomméz et depputés par lesdicts sieurs juratz : Pierre de Brach, advocat en la cour de Parlement de Bourdeaux, et Gracien d'Olyve, juratz de ladicte ville, pour se transporter au lieu de Courdouan et voir ce qui auroit esté basty de la tour nouvelle despuis la dernière visite. Et le dimanche ensuivant, dix-septième dudit jour (mois?), nous, Pierre de Brach, Gracien d'Olyve, commissaires susditz, estant pour cet effect partys de ladicte ville de Bourdeaulx, serions arrivés le mardy, dix-neuf-viesme, sur le bord d'un grand banc de sable porté et laissé par la mer despuis quelques années seulement, distant de ladite tour de Courdouan de envyron deux mille pas, et, estant desembarqués et ayant traversé le sable et rochers, serions arrivés à l'endrojt où sont jettés les fondements et eslevé le premier estaige de ladite nouvelle tour, où ce seroit présenté à nous un jeune homme duquel nous estant enquis de son nom et de son occupation audit lieu, il nous auroit dit avoir à nom François Beuscher et qu'il conduisoit les ouvriers de l'œuvre de ladite tour, en l'absence de maistre Louys de Foix, vallet de chambre et ingenieur ordinaire de Sa Magesté; et d'autant qu'au partir de la ville de Bourdeaux, nous aurions fait embarquer avec nous Louys Baradier, maistre des reparations pour Sa Magesté en Guyenne, et Pierre Ardouin, maistre juré pour les fabriques de ladite ville, les ayant appellés et fait venir à nous, nous leur aurions fait entendre l'occasion de nostre voyage, et après avoir prins d'eux le serment de bien et fidellement respondre sur ce que par nous ils seroient interrogés, estant entrés en la tour, conduits par ledit Beuscher, et ayant veu tout ce qui est construit au dedans et au dessus du rocher, et monté au plus hault de l'eslevation de l'edifice qui vient au premier estage, nous aurions enjoint auxdicts Baradier et Ardouin de nous rapporter ce qu'ils croient avoir esté construit depuis la dernière visite de ladite tour, où ils avoient assisté, lorsqu'elle fust faicte par monsieur de Raymond, conseiller du Roy en son Conseil privé et president au Parlement de Bourdeaux, et par messieurs de Geneste, tresorier de France en la generallité de Guyenne, du Sault, advocat du Roy en ladicte Cour, et de Francon, jurat de ladicte ville, commissaires deputtés à faire ladite visite; à quoy lesdits Baradier et Ardouin nous auroient respondu que depuis ce temps-là dont il peut y avoir quatre ans, il n'avoit esté posé une seule pierre à ladite tour encommencée, ce que ledit Beuscher, conducteur des ouvriers, nous accorda estre veritable, et que depuis ce temps on n'avoit travaillé qu'à la reparation du logis des ouvriers et à reffaire les rempards et desffences, qui, bien qu'elles soient de grandes pierres de taille entreliées de boys et que touttefois l'impetuosité et grands coupz des vagues de la mer les ruinoit à tout coup, ce qu'ils nous auroit fait voir à l'œil, et trois maistres massons trevallant à reparer lesdictes deffenses, dont l'un nous a dit avoir travaillé depuis les festes de Pasques, et les deux autres despuis la Pentecouste dernière; et aurions aussy trouvé quatre manœu-

vres pour ayder à servir auxdicts massons; de là serions venus à un grand
pont de boys nouvellement charpenté, et dressé en montée despuis le bas
jusques à la haulteur que la tour est elevée, afin de servir à y monter les
materiaux pour la continuation de sa structure, ledit pont estant soustenu
sur le millieu, d'une pille de massonnerie de pierres de taille, et porte
ladicte pille, en sa haulteur, trois toises et demy, sur la largeur de dix
pieds, et est ledict pont fortifié et arresté par en bas d'une autre pile,
partie de massonnerie et partie de pierres sèches, portant six pieds de
haulteur sur la largeur de dix pieds, et assez près de là, est un four à
chaulx basty tout de nouveau et qui encore n'a servy.

Cella veu, nous serions transportés vers la vieille tour, au corps de
logis des ouvriers, que nous aurions veu avoir esté surhaussé de trois
pieds, à cause que le toit n'ayant assez de pente, l'eau pluviale ne pouvait s'escoller et là y peut avoir six toises de muraille; nous auroit aussy
faict voir vers le levant un carré en sortie, fait de bois et de briques,
servant de cabinet à la chambre dudit maistre Louys de Foix, qui porte
huict pieds de longueur sur huict pieds de hauteur, et, de l'autre costé,
une autre sortie aussy en carré, bastie de pierres, qui sert, au dessoubs,
d'une poullailère, et en hault d'esguyère et garde-robbe à une chambre
portant onze toises de murailles.

Auryons aussy trouvé un chay qui autrefois a servy d'escuyrie, un
longier de muraille, du costé de la mer, contenant envyron dix toises, et
à l'entrée dudit chay, une cisterne à mettre l'eau douce, faite de pierres
de taille, portant six pieds en carré et autant de haulteur, et vers l'autre
bout du chay auroit esté basty un garde-robbe pour le commun, qui
porte de huict à dix toises de murailles et aussy un autre grand longier
de muraille à l'escuyrie, qui a de longueur quatre toises trois pieds et
demy, sur la hauteur de sept pieds; et sont toutes les susdites murailles
eslevées sur l'espaisseur d'un pied et demy.

Nous auroyt aussy esté monstré audict corps de logis avoir esté basty
trois cheminées, quatre portes et cinq rabatjours, ayant le tout fait voir,
visiter et toiser auxdits Baradier et Ardouin, et, comme nous suyvions
tous les appartements dudit logis, nous trouvames un maistre menuisier et
un charpentier, un charron et un forgeur, travaillant à leurs ateliers, qui

nous dirent estre là despuis cinq ou six mois, et ouïmes un nommé Benoist Boireau, manœuvre, qui nous dit que pendant que ledict maistre Louys de Foix estoit en Court, il avoit demeuré seul avecq un petit garson, un an et demy, à la garde de ladite tour.

Ce faict, estant sortis du logis, aurions trouvé trois chevaux attelés, qui charroient de la pierre de taille auprès de la tour, qui estoit prinse d'un grand bateau estant à sec au bord de la mer, et nous estant enquis avec ledit Beuscher si ce batteau voyageoit tous les jours pour les charrois de la pierre, il nous auroit respondu qu'il commençoit seulement de ce jour là et qu'il n'en avoit point esté deschargé despuis trois ou quatre ans, à cause des guerres.

Cella faict, ne nous restant plus rien pour le faict de nostre commission, nous estant embarqués, aurions prins la route de la coste de Xaintonge vers Royan, où l'on nous auroit raporté les plaintes ordinaires que font les pillotes de ce que, en la vieille ni nouvelle tour dudit Courdouan, le fanal n'y est aucunement entretenu, ce qui est un extrême danger aux vaisseaux et comme un détournement de la navigation pour les perilz qui se trouvent en cet endroit, sur l'embouchure de la rivière de Gironde; comme aussy, en allant, nous aurions ouy semblables plaintes vers la côte de Médoc et mesme des habitans de Solac, qui nous requirent d'inscrire leur plainte à nostre procès-verbal, tant du default dudit fanal que de la longueur en quoy se tire l'edifice de ladite tour nouvelle, pourquoy ils ont frayé et frayent tous les jours de grandes sommes de deniers, ce que nous leur aurions promis faire et le donner entendre à monseigneur le Mareschal, afin d'en donner advis à Sa Magesté, ou y pourvoir et ordonner ainsi qu'il appartiendra.

Et le lendemain, sur les sept heures du matin, vingt et uniesme dudit mois de septembre, serions arrivés audit Bourdeaux, et le vingt-septiesme, lesdits Baradier et Ardouin, experts, nous presentèrent leur rapport par escript, lequel nous avons receu et veu estre conforme à ce que nous avions veu oculairement et ouy d'eux verbalement.

(Signé :) DE BRACH, jurat; DOLIVE, jurat.

DÉPENSES faites par Louis de Foix à l'occasion de la reprise des travaux   25 Septembre 1595.
de la tour de Cordouan, abandonnés depuis six ans.

Archives municipales de Bordeaux, série EE. 227.

—————

Estat de la despense et fraiz que maistre Louiz de Foix, vallet de chambre et ingenieur ordinaire du Roy, a faicts à l'œuvre de la nouvelle tour de Courdouan, puis son retour de la Cour, qui fust le quinziesme jour du mois de mars mil cinq cent quatre-vingt-quinze.

Premierement : aulx pierriers de la parroisse St-Mesmes, près Jarnac, la somme de deux cens escuz, qui leur a esté delivrée comptant, à bon compte, de la pierre qu'ils ont fournie de ladite pierrere jusques sur le port de Taillebourg, riviere de Charente, sy . . . .   IIᶜ

Plus, pour la descouverte de la pierrere, appelée la Guerilliere, paroisse St-Palais, a esté rompu les fausses costes des roches de ladicte pierrere et tirées jusques au nombre de trois cents grandes pierres de taille, revenant à la despense, tant de ladicte pierrere que de ce que a receu particulierement Jehan Nurment, la somme de trois cents escuz sol, sy . . .   IIIᶜ

A Perrone, maistre pierrier, a esté fourny la somme de cent soixante-six escuz deux tiers, par advance de la pierre de Bouchet qu'il a fourny, puis la pierriere dudict lieu jusques au port de Plassac, près Blaye, sy . . . .   CLXVI IIᵗ

Plus, à Johan Neurvet, maistre pierrier, la somme de trente escuz à luy delivrée pour tirer des pierres de la conche La Roanne près Roian, et ce à bon compte de son marché, sy   XXX

Pour vingt pipes de chaulx, au prix de six escuz la pipe, qui a esté emploiée à la reparation des logis, bastimens, magazins servant à ladicte œuvre de Courdouan, montant à la somme de six-vingtz escuz sol, pour ce, sy . . . .   VIˣˣ

Plus, quarante barriques de simen fin, pour emploier à l'ediffice dudict Courdouan, au prix de dix escuz la barrique, estant à present sur l'œuvre pour laquelle a esté distribué et paié, montant à la somme de quatre cens escuz, sy . . . .   IIIIᶜ

Plus, pour le recoustrage des phlibots, pattaches, gallions et chaluppes, qui ont demeuré l'espace de six ans au lieu de Méchers, sans rien faire, pendant lequel temps se sont tellement deteriorées que le rabillage, tant pour les estoffes et matieres que pour la main des maistres-ouvriers, revient à la somme de quatre cent cinquante escuz, qui ont esté paiés, sy. . . . . IIII^c L

Plus, pour les cordages et tables pour servir auxdits phlibots, gallions, chaluppes et pattaches, le nombre de vingt quintaux, à six escuz deux tiers le cent, monte cent trente-troiz escuz ung tiers, sy. . . . CXXXIII t

Plus, pour quatre charrettes referrées plus que lesdictes communes ordinaires, au prix de douze escuz chascune, faictes et parfaictes tout à neuf, a esté paié la somme de quarante-huict escuz, sy. XLVIII

Pour deux tombereaux garniz, à huict escuz piece, la somme de seize escuz, sy. XVI

Pour ung haquet, ung camion et une brouette à deux roues, sy. XII

Plus, pour deux cens clous de charrettes pour clouer les bandes de fer à l'entour des roues, et pour deux cens grands clous d'un pied de long, au prix de quatre solz la piece, monte pour cinq quintaux la somme de. . . . . XXXIII t

Plus, pour le maître charron, qui est allé à Courdouan pour monter lesdites charrettes, six escuz, sy. VI

Pour l'achat de quatre chevaulx pour servir audict lieu de Courdouan, à tirer et charroier les estoffes despuis le lieu où se dechargent les bateaux à Courdouan, la somme de six vingt quinze escuz, sy. VI^{xx} XV

Plus, pour les harnois desdits quatre chevaulx, leurs colliers, brides et couvertes, bien arnachés, la somme de trente-troiz escuz un tiers, sy . . . . XXXIII t

Pour trois bastz pour servir auxdits chevaulx à porter le bois, lorsque les charrettes ne peuvent aproscher des bateaux, au prix de trois escuz piece, monte à la somme de neuf escuz sol, sy IX

Pour les fers et tenailles contenant estrilles et autres ustensyles, quatre escuz, sy. IV

Plus, a esté achapté en la ville de Bourdeaux un millier de fer carré et plat avec trois douzaines de grands advirons, pour fournir aux pattasches, gallions et chaluppes, le tout montant à la somme de six vingt escuz sol, sy. . . . . VI^xx

Pour deux thonneaux de charbon de terre à huict escuz le thonneau, monte à la somme de. XVI

Plus, pour le bois du grand pont, qui a esté du present construit tout de neuf pour servir à porter les estoffes et matières sur l'ediffice, avec aultres bois qu'on a employés aux palissades des deffenses d'alentour de l'œuvre, à quoy en a esté emploié pour la somme de deux cent cinquante escuz sol. . . . . II^c L

Pour la thuyle et brique qui a esté employée à recouvroir toutes les loges, escuries, chay et aultres logements, qui estoient tous descouverts pendant six ans que ladicte œuvre a esté delaissée, pour lesquelles estoffes a été paié la somme de quatre-vingt-cinq escuz sol, sy. . . . . IIII^xx V

Plus, pour grandes tables pour les gonts à monter les pièces de fine chanvre, au prix de sept escuz le quintal, la somme de vingt-un escuz pour trois quintaux, sy. XXI

Pour la despense, gages et sallaires de quinze ouvriers travaillant à ladicte œuvre de Courdouan, que de sing mariniers qui portent les vivres, estoffes et matières audit lieu, au prix de vingt sol chascun par jour, puy le quinzième jour du moys de mars dernier qu'ils ont commencé à travailler jusques au quinzième du mois de septembre, audict an, qui fait six mois entiers, monte ladicte despense douze cens escuz sol, sy. . . . . XII^c

Pour la despense desdits quatre chevaulx pour lesdicts six mois, à raison de vingt sols par jour, monte la somme de deux cent quarante escuz, sy. . . . . II^c XL

Plus a esté paié et delivré à comptant à François Beuscher, maître architecte, conducteur de l'œuvre, la somme de cent escuz sol, à bon compte de ce qui luy peut estre deub du reste du temps qu'il a cydevant servi à ladite œuvre de Courdouan, sy. c

A Louis Houillat, maistre tailheur de pierres, lui a esté delivré comptant la somme de vingt-cinq escuz, aussy à bon compte de ce qui luy est deub dudict passé, sy. XXV

A Jehan Moreau, aussy maître tailheur de pierres, la somme de vingt-cinq escuz, à bon compte des sallaires à luy deubs du passé, cy ladite somme de.. xxv

A maistre Fiacre Chartier, la somme de vingt escuz, à bon compte de son service du passé, qu'il a fait de son art de menuysier à ladicte œuvre, cy. xx

A François Perrotin, maistre tailleur de pierres, la somme de dix escuz sol à bon compte de ses gages à luy deubs par le passé, sy. x

A Imbert Boret, la somme de dix escuz pour ses gages du passé et à bon compte de ce qui luy est deub du reste, cy ladite somme de. . x

A Joannez d'Ezpellete, maistre marinier, la somme de vingt escuz, à bon compte de ce qui luy est deub pour son travail du passé à la conduite des bateaux, cy. xx

A Anthoine Capy, maître serrurier, la somme de dix escuz sol, à bon compte de ses gages du passé, pour le service qu'il a faict à ladite œuvre de Courdouan, cy. x

A Daniel Metayer, la somme de douze escuz à lui paiée à bon compte de ce qui luy est deub de ses gages du passé, cy. xii

A Pierre Faltonnat, maistre charpentier, la somme de dix escuz sol, à luy paiée, à bon compte de ce qui luy est deub du reste du passé pour le service de sondict art de charpentier à ladite œuvre, ladite somme de x

A Liot, la somme de dix escuz, à lui paiée, à bon compte de ce qui luy est deub pour le service par luy faict à ladicte œuvre, cy ladite somme de. x

A Guilhaume, la somme de dix escuz, à luy paiée, à bon compte de ce qui luy est deub du passé pour le service par luy faict à ladicte tour. x

A Sanson, la somme de dix escuz sol. à lui payée, à bon compte de ce qui luy est deub de ses vacations qu'il a faictes à ladite œuvre de Courdouan, cy. x

A François Espagnet et Annet de Nailles, massons, chascun vingt escuz sol que ledit de Foix leur a paiés comptant, puis son retour, et par arrest de la Cour a esté contrainct à les payer des premiers deniers provenant de l'œuvre, et ce pour reste de leur sallaire à eux deub du service qu'ils ont faict à ladicte œuvre de Courdouan, cy. . . . . xl.

Plus, par vertu des arrests de la Chambre des Comptes à Paris, a esté paié à la vefve du feu maistre André Dubroca, cydevant comptable à Bordeaux, la somme de six cents escuz sol que ledit Dubroca avoit cydevant prestée audit de Foix pour emploier à l'œuvre de Courdouan, et, parce que le Roy avoit ordonné audit de Foix la somme de quatre mille escuz sol sur la comptablie, il la poursuivoit en ladite Chambre pour le reste dudit paiement, et a esté trouvé, par le compte rendu en la chambre, que Sa Magesté estoit redevable audit Dubroca de dix mille escuz, et partant ledit de Foix condamné de rendre lesditz six cents escuz, attendu qu'il ne pouvoit entrer dans lesdicts comptes. VIe

Plus, à monsieur Labourage, procureur de monsieur le marquis de Roian, a esté paié la somme de quatre-vingts escuz sol à luy deubs du passé, pour le bled et l'avoine qu'il a cy devant fournis pour l'œuvre de Courdouan, cy ladite somme de. . . . . IIII^{xx}

A l'hoste de la Croix-Blanche, marchand boucher, demeurant à Roian, aussi la somme de quatre-vingts escuz sol, à luy deubs pour la chair et viande qu'il a cy devant fourny pour ladite œuvre, cy ladite somme. IIII^{xx}

Plus, ledict de Foix a faict achapter en hault païz le nombre de deux cent cinquante boisseauls bled froment, au prix de deux escuz quinze sols le boisseau, qui monte la somme de cinq cent soixante-douze escuz trente sols, lequel bled est pour la nourriture et provision des ouvriers de Courdouan, cy ladite somme de. . . . . V^c LXXII XXX^s

Plus, pour la nourriture de sept chevaulx qu'il convient tenir à corde pour le service du charroi et molin, il convient avoir cent sinquante boisseauls d'avoine, au prix d'un escu sing sols le boisseau, monte à la somme de sent soixante-sing escuz. CLXV

Plus, pour le sejour que ledit de Foix a faict au païs de Saintonge pendant ung mois, à la sollycitation, pour faire impozer les deniers tant de la presente année que de la precedente, en laquelle n'avoit esté faicte ladite impozition, à quoy auroit vaqué, ayant trois chevaulx et ung homme de pied, puy le quinziesme febvrier jusques au quinziesme mars, à raison de trois escuz et demy par jour, monte la somme de sent sing escuz, cy. CV

Plus, pour le sejour que ledict de Foix a faict à Bourdeaux, après son retour de la Cour, pour recouvrer les provysions et contrainctes sur les receveurs particuliers contribuables à ladite œuvre de Courdouan, auroyt vaqué sing mois et demy entiers, ayant deux chevaulx et un homme de pied, à raizon de deux escuz trente sols par jour, monte la somme de sent escuz sol, cy. c

Plus, Pierre de Foix avecq Minjon du Vienant, huissier de messieurs les tresoriers generaulx de France en Guienne, sont partis de cette ville de Bourdeaulx pour aller en Agenois, Condomois, Astrac, Bazadois et les Lannes, auxquels lieux et voyages auroient sejourné l'espace de deux mois, en deux voyages qu'ils y ont faict avec ung serviteur, au prix de deux escuz et demi par jour, monte la somme de cent cinquante escuz, cy. CL

Monte toute ceste despense contenue en ce present caier, la somme de six mil vingt-trois escuz ungt tiers, laquelle a esté paiée et acquittée par ledict de Foix.

Sur laquelle somme ledict de Foix a receu une ordonnance de messieurs les commissaires intendants dudict œuvre de Courdouan, de la somme de six mil escuz, laquelle n'a esté acquittée que de quatre mil escuz; de maniere qu'il reste entre les mains dudict de Foix, des rescriptions de monsieur le receveur general Martin, pour la somme de deux mil escuz et davantage, de laquelle il n'a pu estre payé, quelque diligence qu'il ayt pu faire.

Partant, ledict de Foix a emploié en ladicte despense les deniers de ses gages ou de ses amis, la somme de deux mil vingt-trois escuz ung tiers ou davantage plus qu'il n'a receu sur ladite ordonnance. Signé : Loys de Foix.

Faict à Bordeaux, le xxv septembre 1595.

Plus, outre le contenu ci-dessus, a esté adressée à maistre François Losel, marchand, habitant de la paroisse de Solacq, la somme de cent escuz sol, pour la viande qu'il doit fournir dorenavant à ladicte œuvre de Courdouan, suyvant le contract sur ce passé audit lieu de Solaq, cy. c

Collationné par moy, conseiller, notaire et secretaire du Roy.

(Signé) : DARNAL.

PROCÈS-VERBAL de la visite faite aux travaux de la tour de Cordouan, 19 Septembre 1596.
par Gilles Maupeou et Claude Dupré, conseillers du Roi.

Archives municipales de Bordeaux, série EE. 227.

A la requéte de Louis de Foix et sur l'ordre du maréchal de Matignon, en ce moment à Mortaigne, Gilles Maupeou et Claude Dupré vont visiter les travaux de la tour de Cordouan et en dressent procès-verbal.

————

L'an mil cinq cens quatre-vingts-seize, le jeudy douziesme du mois de septembre, nous, Gilles Maupeou, conseiller du Roy, maistre ordinaire en sa Chambre des comptes et commissaire depputté par Sa Magesté à la direction de ses finances en la generallité de Guyenne et Limoges, et Claude Dupré, sieur de Cando, aussy conseiller dudict Sieur et tresorier general de France audict Limoges, estant arrivez en la ville de Mortaingne pour conferrer avecq le sieur de Matignon, mareschal de France et lieutenant general pour le Roy en Guyenne, d'aucunes affaires important le service du Roy et de la province, aurions trouvé audict lieu maistre Loys de Foix, vallet de chambre, ingenieur du Roy et entrepreneur de l'œuvre de la nouvelle ediffication de la tour de Courdoan, lequel nous auroyt presenté requeste, laquelle ayant esté par nous communiquée audict sieur marechal, il nous auroyt dict estre necessaire pour le service du Roy et du publicq, n'estant qu'à huict ou neuf lieues au plus dudict Cordoan, de nous y acheminer au plus tot pour viziter l'ouvrage entreprins par ledict de Foix et faire bon et ample procès-verbal de ce que y aurions veu ; occasion de quoy nous aurions ordonné sur ladicte requeste ce qui s'ensuyt :

Ayant esgard au contenu en la presente requeste, par commandement verbal à nous faict par le sieur de Matignon, mareschal de France et lieutenant general pour le Roy en Guyenne, il est ordonné que presentement nous transporterons sur les lieulx pour, veue ladicte œuvre, estre pourveu au suppliant ainsy que de rayson.

Faict à Mortaigne, le douziesme de septembre mil cinq cens quatrevingts et seize.

A l'instant, nous serions acheminés au port de St-Seurin, duquel lieu

le vendredy, treiziesme dudict moys, estant parvenus en la ville de
Royan, cuydant nous embarquer pour donner jusques audict Cordoan,
nous aurions veu la mer tellement agitée de vents que nous aurions esté
constrainctz sejourner audict lieu de Royan le reste dudict jour, attendant
que la mer fust calme.

Et le lendemain, quatorziesme dudict moys, recognoissant la mer estre
ung peu appaizée et les vents propres pour la navigation, nous serions
entrés dans l'ung des galions dudict de Foix, et, estant parveneux audict
Cordoan, nous auryons trouvé infinis ouvriers, lesquels travailloient à
l'advancement de l'œuvre de ladicte tour et en une très belle sculpture.

Premierement, le maistre conducteur de l'œuvre avecques l'appareilleur
et dix-huict tailleurs de pierre avecques quatre massons pour poser la
taille sur l'ediffice, et ung charpentier pour dresser les eschaffaudaiges.

Plus seize manœuvres basques, aussy un marechal, ung serrurier et ung
barbier pour panser les blessés et mallades par accident.

Item, ung boulanger, ung cuisinier, ung meusnier et ung tonnelliers
pour racouster les barriques dans lesquelles l'on apporte l'eau doulce
audict lieu de Cordoan.

Item, sept bons chevaulx et deulz chartiers avecq leurs attelaiges pour
apporter les estoffes et materiaux audict lieu où se bastit ladicte tour,
despuy le desembarquement jusques sur le bord de la poincte de Cordoan.

Nous aurions aussy veu un maistre conducteur de six basteaux, appartenant audict de Foix, assavoir : deux grands flibots, deux pataches et
deux gallions, et en iceulx le nombre de vingt-six mariniers et un garson
pour les servir.

Et nous auroyt certiffié ledict de Foix qu'il tenoyt, hors dudict Cordoan,
deux hommes avecq deux chevaulx pour negotier les affaires dudict Cordoan, tant pour les vivres que pour les estoffes et matieres necessaires
audict Cordoan, comme aussy pour la poursuytte de ses deniers.

Aussy, nous aurions recognu lesdicts ouvriers travailler au troysiesme
estage de ladicte tour et estre sur le poinct de fayre la voulte du troysieme
estage ; mays, oultre le principal de l'œuvre de ladicte tour, il est besoing
audict de Foix d'avoir de grandes estoffes et matieres pour l'entretenement
des deffenses et bastardeaux qui sont à l'entour d'icelle, que la mer rompt

journellement par son impetuosité, qui couste beaucoup à reparer par chascun an.

Plus nous aurions veu, sur le bord de la mer dudict lieu de Cordoan, grande quantité de marbre noir que ledict de Foix nous auroyt dict avoir faict venir des monts Pirannez pour l'enrichissement de ladicte tour.

Toutes lesquelles choses nous soubsignés certiffions au Roy, nos seigneurs de son Conseil et des Comptes, avoyr veues et visittées, et nostre present procès-verbal contenir verité.

Faict audict Cordoan, le dix-neufviesme jour de septembre mil cinq cents quatre-vingtz-seize.

Ainsy signéz : Maupeou, Dupré; et plus bas : Flamont, commis greffier.

Collationné à l'original par moy, notaire et tabellion royal soubsigné, ce requérant ledict de Foix par devers lequel est demeuré.

A Bourdeaulx, le dernier jour de septembre mil cinq cens quatre-vingtz-seize.

(Signé :) De THEMER, notaire royal.

ÉTAT des réparations faites à la tour de Cordouan et aux bâtiments qui en dépendent, lors de la reprise des travaux abandonnés depuis six ans. 26 Septembre 1596.

Archives municipales de Bordeaux, série EE. 227.

Estat des reparations necessaires qu'il a convenu faire aulx deffenses de l'entour de l'œuvre de la nouvelle edification de la tour de Courdouan et aux loges, magazins, chayz, estables et aultres services, qui estoient rompuz et deteriorés, lesquels on a remis en estat d'y pouvoir habiter, y ayant refaict les couvertures tout à neuf, auquel lieu l'on n'avoit habité il y a six ans passés.

Et premierement :

A esté refaict la palissade, près le molin et boutique des charpentiers, de pierre de taille, en la longueur de sept toizes et douze pieds de largeur, sur quatre pieds de hault.

Plus, a esté refaict une guiade du grand taluz du circuit de l'œuvre, au long de l'ancienne ecuirie, laquelle guiade a vingt-deux pieds de longueur et neuf de large.

Plus, a esté faict une deffense près de ladicte guiade, pour conserver les taluz, en laquelle deffense il est entré le nombre de trente-trois pièces de bois de pain, clouées avec cent grands clouz d'un pied de long chascun, et le tout garny de pierres en la longueur de vingt-deux pieds.

Aussy, a esté faict une autre deffense près la forge, laquelle contient douze pieds de long et neuf de haulteur par ung boult et quatre par l'autre, garny de vingt-sept pièces de bois de pain et cloués de cinquante grands clouz d'un pied de long chascun.

Davantage a esté faict un pillier de pierres de taille pour porter ung grand pont, faict tout de neuf, pour servir à porter les estoffes et matières sur la tour neufve, lequel pillier a vingt-deux pieds de hault et dix pieds de large, sur trois pieds d'epaisseur.

Plus, pour ledict pont a esté faict un autre pillier pour porter ledict pont, lequel a dix pieds de large et huict de haulteur, sur trois pieds d'epaisseur.

Plus, a esté faict une muraille par chescun costé de la première advenue dudit pont, en la longueur de trois toyses et de six toyses et demie de long, chescune muraille sur sept pieds de hault, venant en amortissant en taluz pour y monter et aller de là sur ledit pont.

Plus, a esté faict la charpente du grand pont de bois, qui est pozé sur lesdicts pilliers et pierres de taille sy-dessus mentionnés, laquelle charpente est construite de grands soliveaux de vingt-deux pieds de long la moitié, et l'autre moitié de dix-huit pieds, avec douze liens enboutiz par dessoulz pour aider à supporter le faiz, lequel pont est garny de garde-fouz par les deux costés et couvert de grands madriers de bois de chesne, le tout bien cloué, en la longueur de quarante pieds sur dix de large.

Plus, a esté faict une grande cisterne pour garder l'eau à faire le mortier d'eau doulce, laquelle cisterne est bastie toute en pierres de taille, massonnée à chaux et à ciment, laquelle a vingt-sept pieds de circuit et sing pieds de profondeur, revenant à six pieds et demy de diametre.

Plus, a esté faict une muraille, tout à neuf, au-dessus de la grange, là où l'on met la paille, en la longueur de dix toises et de cinq pieds et demy de hault, du costé de la mer vers l'occident, pour la conservation de la couverture, laquelle il a fallu refaire tout à neuf, avec bon mortier de chaux et sablé, en ladicte longueur de dix toizes.

Aussy à convenu refayre une muraille tout à neuf, entre la nouvelle estable et la boutique du menuizier, laquelle a de longueur six toises, en la haulteur de six pieds et deux pieds et demy d'espaisseur, du costé de la mangerie des chevaulx.

Plus, a esté fermé et remply ung passage, qui estoit entre ladicte estable et la grange, par où entroit la mer aux grandes tourmentes dans ladicte estable, laquelle fermure est faicte de pierres de taille en la haulteur de six pieds et de largeur huict pieds sur sept de long, le tout de grandes pierres de taille pour resister à la mer.

Plus, a esté faict une muraille au bout du chay du vin et une autre à l'autre boult, chescune de 12 pieds de long et de huict pieds de hault, et a convenu recouvrir ledict chay tout à neuf, à cause que la mer avoit rompu et emporté la tuylle, en la longueur de quarante-huict pieds sur quatorze pieds de large.

Plus, a esté refaict une muraille dans ledict chay, pour y conserver les bengerons à tenir l'eau doulce pour la nourriture des ouvriers, laquelle muraille est faicte à chaux et à ciment, afin que la mer ne la puisse rompre, de la longueur de onze pieds et de quatre pieds et demy de haulteur sur trois et demy de large.

Aussy a esté fayet et construict un fourneau à cuire le chaulx, auquel il y a sept milliers de briques et sinquante barriques de terre rouge que l'on a portées de Royan, lequel four a cinq pieds de diamètre et cinq pieds de hault.

Plus, a esté faict une muraille en neuf et une porte au boult du magazin pour tenir le ciment hors du dangier de la mer, laquelle muraille a de longueur quinze pieds et de haulteur huict pieds, qui separe ledict magazin et ledict ciment.

Aussy a esté faict une autre muraille pour enfermer le charbon de terre qui convient pour la forge, laquelle muraille a dix pieds en long et dix pieds et demy de hault avec sa porte.

Le recoustrage pour le longement des ouvriers a esté faict ce que s'ensuict, assavoir : a esté faict une muraille qui estoit tombée par la tourmente, avec une cheminée du second estage en tirant vers la forge, au-dessus du four, en la longueur de quatre toyses et de huict pieds de haulteur.

Plus, a convenu rehaulser toute la muraille du corps de logis, en la haulteur de trois pieds et le recouvrir tout à neuf, et la thuylle pozée avec chaulx et sable, en l'estandue de xxx pieds, et, par mesme moyen, refaict une cheminée en la chambre des maistres ouvriers, et ung privé en l'estage du dessoubz pour servir aux chambres.

Aussy a esté recouvert, tout à neuf, les chambres des manœuvres du costé du midi, en l'estandue de quarante pieds, avec aussy le chaulx et sable.

Plus, a esté recouvert, tout à neuf, les chambres des ouvriers du cousté de l'occident, en l'estandue de xxxvi pieds, avec chaulx et sable.

Plus, a esté recouvert, tout à neuf, le corps de logis de la forge et refaict les cheminées, qui estoient rompues par la tourmente de la mer, et la thuyle posée avec chaulx et sable, en l'estandue de xxix pieds sur xviii en large.

Plus, a esté recouvert, tout à neuf, le grenier du bled et le molin, en l'estandue de xx toyses sur xxx pieds de large, le tout aussy garni de bon mortier, pour resyster aux vents et tourmente de la mer.

Plus, le bois pour les soliveaux et grande quantité de tables pour le recoustrage de tous les planchers, qui estoient pourris et rompus, dont maistre de Foix en a tenu estat de tout cy-dessus.

J'ay faict fayre les réparations cy-dessus escriptes à ladicte œuvre de Courdouan, puis le quinziesme jour de mars mil cinq cents quatre-vingt-seize, jusqu'au xvme de septembre audict an, ayant signé la presente, à Bourdeaux, ce xxvime dudict mois de septembre, an susdit.

(Signé :) LOYS DE FOIX.

Collationné par moy, conseiller, notaire et secretaire du Roy.

(Signé :) DARNAL.

DÉLIBÉRATION des maire et jurats de Bordeaux sur la requête de Louis de Foix demandant le paiement de la somme de trente-six mille écus. 22 Janvier 1597.

Archives municipales de Bordeaux, série EE. 227.

A messieurs les maire et jurats, gouverneurs de la ville de Bourdeaulx.

Supplie humblement Loys de Foix, vallet de chambre, ingenieur ordinaire du Roy et entrepreneur de la nouvelle ediffication de la tour de Cordoan, disant que, sur la requeste qu'il vous auroyt cy-devant presantée pour son paiement de la somme de trente-six mil escuz que Sa Magesté auroyt ordonné luy estre faict des deniers du convoy de ceste presante ville, sur l'extinction du subside de Roian, vous auriez ordonné, par vostre appoinctement du quatriesme jour de decembre mil cinq cent quatre-vingt-seize, signé de Pichon, que les pieces seroient communiquées à monsieur le procureur de la ville, auquel auroyt esté delivré, par ledict de Foix, l'estat des deniers qu'il auroict receus, puis son contract jusques à cejourd'huy.

Ce consideré, et attandu l'importance de l'œuvre et le notable interest que ceste dicte ville a en icelle, et enfin que ledict de Foix ayt moyen de le parachesver, comme il en a la vollonté, il vous plaise que le susdict paiement luy soyct faict de ladicte somme de trente-six mil escuz des deniers de ladicte recepte et extinction, suyvant la vollonté de Sadicte Magesté, sy ferai bien.

Les maire et jurats, gouverneurs de la ville de Bourdeaulx, après avoir deliberé sur la susdicte requeste, ont declairé ny avoir lyeu paier au suppliant la somme de trente-six mil escuz, par luy requise des deniers provenant du subside de l'extinction du convoy de Roian, attandu les grandes sommes qui, depuis son assignation, ont esté rejectées sur ledict subside, et les infinis deniers qui ont esté impozés et levez sur les provinces voisines, pour la construction de la tour de Cordoan, lesquels, s'ils n'ont esté divertis ailleurs, reviennent à plus que ne se monte ce qui est deub audict de Foix, tant du passé que de ce qui luy est à venir pour le parachesvement et perfection de ladicte tour, et attend, ont renvoyé et renvoyent ledict de Foix devers le Roy, pour se pourvoir d'aultres assigna-

10

lions, ainsy qu'il verra estre à faire, et sera Sa Magesté suppliée, là où il se treuveroit quelque chose estre deue audict de Foix, de l'assigner sur aultres natures de deniers, et, suyvant sa premiere assignation, fayre esgaller et impozer sur le païs ce qui lui pourra estre deu et aultrement, ainsy qu'il plaira à Sa Magesté en ordonner.

Faict à Bourdeaulx, en jurade, le vingt-deuxiesme jour de janvier, l'an mil cinq cent quatre-vingt-dix-sept.

(Signé :) DE PICHON.

---

28 Décembre 1598.

ORDONNANCE du Roi relative aux retards soufferts par Louis de Foix au sujet du paiement des sommes qui lui sont dues.

Bibliothèque nationale, Ms. Fr. 18163. F. VII^{xx} Xa.

Resultat du Conseil d'Estat du Roy tenu à Paris le xxviiie jour de decembre 1598, où estoient : _____ le sieur d'Hudicourt_____ .

Veu le procès verbal de Jehan de Caresse, sergent royal à Bordeaulx, du xixe jour d'aoust dernier et autres jours ensuivans, contenans les rebellions et excès commis contre luy et ses records par Me Pierre Gontrand et ses complices, executans la commission et ordonnance des commissaires intendans de l'œuvre de la nouvelle ediffication de la tour de Cordoan, pour faire payer à Loys de Foys, vallet de chambre et ingenieur du Roy, la somme de sept cens escuz, sur et tant moings du pris et marché par luy faict pour la continuation et parachevement de ladite tour ; la requeste presentée au Roy par ledit de Foix, affin qu'il plaise à Sa Majesté ordonner qu'il sera informé desdits excès et rebellions, et les informations apporter en son Conseil, pour y estre jugées ou renvoyées à telle de ses courtz de Parlement qu'il luy plaira, autre que celle de Bordeaulx, attendu les parens et alliez que ledict Gontran a en icelle : le Roy, en son Conseil, a ordonné et ordonne que commission sera expediée au siege ordinaire de la ville de Perigueux, ou autres juges qu'il apartiendra, pour informer des excès et rebellions mentionnées audit procès verbal et en renvoyer l'information au Conseil de Sa Majesté, pour, icelle veue, estre par Sa Majesté ordonné ainsy qu'il apartiendra et qu'elle verra estre à faire.

ORDONNANCE du Roi relative au paiement à Louis de Foix des sommes qui lui ont été accordées pour les travaux de la tour de Cordouan et du port de Bayonne.   21 Janvier 1599.

Bibliothèque nationale, Ms. Fr. 18163, f. 19 ᵇ.

Veues par le Roy en son Conseil les requestes et memoires presentées à Sa Majesté par Loys de Foix, son ingenieur et vallet de chambre, contenans que, par contract faict avec ledit de Foix, le xviiiᵉ jour de juing mil vᶜ quatre-vingtz-quatorze, pour parachever l'œuvre de la nouvelle tour de Cordoan en trois années, lors suivantes, Sadite Majesté luy auroit accordé la somme de cinquante mil escuz paiables esdites trois années par quartier, à mesure que la besongne s'advanceroit; et depuis, auroit esté adjugé audit de Foix, par arrest dudit Conseil donné à Melun, le xᵐᵉ septembre audit an iiiˣˣ quatorze, la somme de trente-six mil escuz pour ses pertes et degastz advenus à l'occasion des guerres, dommages, interestz, fraiz, voiages et recompence de tout le passé jusques au jour dudict contract, à prendre lesdits xxxviᵐ escuz sur le convoy de la rivière de Garonne, dont neantmoings ledit de Foix n'auroit rien receu, à cause des empeschemens que les juratz de la ville de Bordeaulx y auroient donné, ainsy qu'il apparoissoit par plusieurs exploictz et sommations faites ausdits juratz; arrestz du Conseil du dernier jour de juing mil vᶜ iiiˣˣ dix-sept; lettres pattentes sur icelluy, en forme de commission, par lesquelles est mandé aux commissaires intendans dudit œuvre de se transporter sur le lieu, et, appellé avec eulx telz expers qu'il appartiendroit, donner ledit advis à Sadite Majesté sur le desdommagement et autres choses demandées par ledit de Foix, depuis lesdicts trente-six mil escuz à luy adjugez, ensemble en quelles provinces et ellections se pourroit faire les levées et impositions pour la perfection dudit œuvre; procès-verbal desdits commissaires du xvᵐᵉ septembre xvᶜ quatre-vingtz-dix-sept, contenant la visite par eulx faicte dudict œuvre, appellé avec eulx les juratz de ladite ville de Bordeaux et les expers par eulx choisiz pour leur donner leur advis sur lesdits desdommagemens et demandes dudit de Foix; le rapport desdits expers du xxiiiiᵉ jour de septembre xvᶜ iiiˣˣ dix-sept, contenant que pour toutes pretentions, degastz, reparations, desdommagemens pretenduz et souffertz par ledict de Foix, depuis lesdictz xxxvi^m escuz à lui adjugez, et qu'il pourroit souffrir jusques au parachevement de l'œuvre, luy deust estre encores accordé la somme de treize mil escuz; coppie des estatz des receveurs generaulx des finances, par lesquelz appert des sommes par eulx dellivrées au tresorier des reparations de Guyenne pour bailler audict de Foix, en vertu de ses quittances, suivant ledict contract, l'estat de recepte et despence dudict tresorier des reparations, veriffié par lesdicts commissaires, des deniers par luy receuz, puis ledict contract dernier faict avec ledict de Foix, auquel est faict recepte des deniers imposez pour ledict œuvre, montant quarente-cinq mil quatre cens quarente-huict escuz ung sol ung denier qu'il a employé, scavoir : audict de Foix, par les ordonnances desdits commissaires sur son pris faict, trente-cinq mil cinq cens dix escuz; plus à luy, pour ses gaiges, plusieurs fraiz, voiages par luy faictz et autres gaiges des commis au controlle dudict œuvre, la somme de sept mil cinq cens quatre-vingtz-deux escuz trente solz; à plusieurs maçons emploiez à la visite d'icelluy par les ordonnances desdits commissaires et des tresoriers generaulx de France, la somme de cent ung escu; et deux mil deux cens cinquante-quatre escuz trente-ung solz et ung denier que ledit tresorier des reparations a retenuz en ses mains pour ses gaiges et taxations; l'advis desdits commissaires intendans du premier jour de juillet xv^c iiii^{xx} dix-huict, par lequel, pour toutes les pretentions, degastz, desdommagemens, dommages et interestz pretenduz par ledit de Foix à raison dudict contract, et pour ceux qu'il pourroit souffrir et pretendre cy après en vertu d'icelluy, jusques au parachevement de ladite tour avec sa platte forme, ilz ont arbitré ladite somme de treize mil escuz debvoir estre accordé audict de Foix, conformement au rapport desdits expers, moyennant laquelle somme en luy faisant paier ce que reste deub des cinquante mil escuz à luy promis et accordez par ledict contract, montans quatorze mil quatre cens quatre-vingt-dix escuz, ledit de Foix rendra ladite tour avec sa platteforme faicte et parfaicte dans deux ans prochains; lesquelz, si Sa Majesté l'a agreable, doibvent estre imposez sur les mesmes lieux et recettes qui ont accoustumé de contribuer audict œuvre, avec les fraiz et charges necessaires, assavoir les deux tiers sur la Guyenne et l'autre tiers sur la Xainctonge; veue aussy la requeste dudict de Foix, contenant qu'en consequence de plusieurs arrestz, juge- mens, declarations et lettres patentes de Sadite Majesté par luy obtenues en divers temps et sur le faict des terres bonnifiées par le moyen du bou- cault et havre neuf de la ville de Bayonne, il debvoit estre paié à raison d'ung escu pour chascun arpent desdites terres, ———— pour l'aug- mentation d'œuvre par luy faicte audit boucault; sur laquelle requeste, par arrest du Conseil du vingt-sixieme novembre xve iiii^{xx} quatorze, luy auroit esté accordé et licquidé la somme de vingt mil escuz et pour les despens, dommages et interestz, jusques audict jour, trois mil escuz; pour l'acquit et paiement de laquelle somme de vingt-trois mil escuz et fraiz de l'execution, auroit esté ordonné qu'il seroit imposé ung escu pour chascun arpent desdites terres jusques à la concurrance desdites sommes; et, où lesdites terres ne suffiroient, que le reste seroit imposé sur le vin de Cha- losse, Tursan, Marsan et Gabardan; dont y auroit eu appellation jugée audit Conseil par arrest du xxe juing iiii^{xx} dix-sept; pour auquel satisfaire, attendu la pauvreté du peuple, la seneschaussée des Lannes auroit accordé, avec ledit de Foix, à la somme de treize mil cinq cens quarante-deux escuz quatre solz, et pour le reste du principal deub audit de Foix, et pour les fraiz desdits commissaires montant sept mil huit cens seize escuz trois deniers, selon le cahier faict desdilz fraiz par le sieur de Feuilhac, maistre des requestes, du vingtiesme jour d'aoust iiii^{xx} dix-huict, ledict païs auroit très humblement supplié Sadite Majesté avec ledit de Foix rejeter le surplus sur autre seneschaussée que celle des Lannes :

Le Roy, en son Conseil, attendu l'importance desdites œuvres publiques qui ont reussy au proffict et utilité de la Guyenne, a ordonné et ordonne que toutes lesdites sommes accordées, tant pour le parachevement de ladite œuvre de Cordoan que pour le reste deub dudit boucault, montans ensemble quarante-quatre mil huict cens soixante-trois escuz et cinquante- six solz, seront levées, pour estre paiées audit de Foix, en deux années à commencer du premier janvier dernier, scavoir : les deux tiers sur la Guyenne et l'autre tiers sur la Xainctonge, qui ont accoustumé de con- tribuer pour lesdites œuvres; et qu'il sera paié audit de Foix la somme de douze mil escuz, esdictes deux années, des deniers de la ferme du convoy establly à Bordeaulx, par le fermier dudict convoy, sur et tant moings desdites xxxvi^m escus à raison de six mil escuz par an; et que pour cest effect ledict de Foix sera employé sur l'estat qui sera dressé du fermage dudit convoy et toutes lettres et expeditions necessaires à luy dellivrées. Faict audict Conseil, à Paris, le xxie janvier 1599.

⸺⸺ ✦⸺◈⸺✦ ⸺⸺

9 Mai 1601.

EXEMPTION de droits de passage pour les objets nécessaires aux travaux de la tour de Cordouan.

Archives départementales de la Gironde, C. 3873.

⸺

Du vendredy, neufvième jour de mars 1601.

Sur la requeste de maistre Loys de Foix, vallet de chambre et ingenieur ordinaire du Roy, tendant, etc...

Veu la coppie des lestres pattantes du Roy, du ivme jour de decembre mil cinq cent quatre-vingt-dix-huict, portant descharge de tous droictz et impozitions pour les denrées, estoffes et matieres qui sont employées à la construction de la tour de Cordoan; nostre attache sur ycelle, du vime de janvier mil cinq cent quatre-vingt-dix-neuf et auttres ordonnances du xxixme jour de decembre en ladite année, ordonnons, suyvant ycelles, au fermier de la contable, impositions des rivieres et extinction du subside de Royan et convoy, laisser passer librement, franchement et quittement, le nombre de soixante tonneaux de vin sans, pour ce, prandre dudict suppliant aucune chose pour lesdicts droicts, et rapportant par lesdicts fermiers de ladicte contablie et autres impositions ces presantes avec certiffication dudict suppliant comme il n'aura payé aucune chose pour raison desdicts droictz, les sommes auxquelles yceulx dicts droictz monteront, leur seront deduictes et reballues sur le prix de leur ferme ainsin que de raison.

Mandant, etc...

⸺⸺ ✦⸺◈⸺✦ ⸺⸺

ORDONNANCE du Roi pour la levée d'une somme due à Louis de Foix. 15 Novembre 1601.

Archives nationales, E. 3ᵃ. Conseil des Finances, f. 286ᵈ.

Sur la requeste presentée au Roy en son Conseil par Mᵉ Loys de Foix,
entrepreneur de la rediffication de la tour de Cordouan, que pour aider
au parachevement de l'œuvre, il luy auroit esté baillé, en l'année derniere,
une rescription du receveur general des finances de la generallité de
Bourdeaux de la somme de dix-huict cens quarente-neuf escuz trente-six
solz six deniers sur le receveur des tailles d'Aigenois et ses aides, des
deniers de l'imposition et creue ordonnée pour ladicte rediffication,
laquelle levée n'auroit jusques icy peu avoir lieu, au moien de certaines
lettres patentes et arrest de la Court des aides de Montpellier portant
deffences audict receveur de faire ladicte levée, pour estre lesdictes aides
de la seneschaucée de Thólouze et Armagnac, bien qu'elles soient de la
recette d'Aigenois, ainsi que le tout appert par l'extraict du procès verbal
faict par le sieur Martin, tresorier de France à Bourdeaux et commissaire
pour lors depputé audict Aigenois pour la direction des finances; qui
auroit osté le moien audict de Foix de pouvoir recevoir ladicte somme :
Le Roy, en son Conseil, considerant combien le parachevement de ladite
tour est necessaire et utille au publicq, conformement au procès verbal
dudict Martin et ordonnance des tresoriers de France mentionnée en
icelluy, a ordonné que ladicte somme de dix-huict cens quarente-neuf
escus trente-six solz six deniers, contenue en ladite rescription, sera levée
selon et ainsy qu'il a esté cy devant ordonné, nonobstant lesdites lettres
patentes et arrest de ladite Court des aides de Montpellier, à plain men-
tionnez par ledict extraict du procès verbal dudit Martin, lesquelles lettres,
ensemble ledict arrest, Sa Majesté a revocquez et annullez, comme nulz
et de nul effect et valleur, et ordonné que ladite somme sera paiée et
acquittée audict de Foix, tant par les consulz des lieux et parroisses desdites aides que ledit receveur d'icelles et tous autres qu'il appartiendra,
à quoy faire ilz seront contrainctz comme pour les propres deniers et
affaires de Sa Majesté, nonobstant opposition, appellations quelconques,
pour lesquelles, sans prejudice d'icelles, ne sera differé. Est aussy enjoinct

aux tresoriers de France de laditte generallité de Bourdeaux tenir la main à l'accomplissement du contenu cy dessus. Faict au Conseil du Roy tenu à Paris le quinziesme jour de novembre 1604.

(Signé :) BELLIEVRE, G. MAUPEOU, A. DE BETHUNE.

---

8 Octobre 1614.

AUTORISATION d'assigner les personnes aptes à reconnaître l'écriture de Louis de Foix.

Archives départementales de la Gironde, C. 3893.

Du mercredy, huict d'octobre 1614.

Sur la requeste de Pierre d'Athis, bourgeois et citoyen de Bourdeaux, et Jehan de La Vialle, procureur en la Cour, tendant à ce qu'il leur soit permis fayre assigner par devant nous tel nombre de personnes qu'ils adviseront, pour recognoistre l'escripture et seing de feu maistre Loys de Foix, vivant ingenieur du Roy, escriptes dans le livre de l'escrou de la Conciergerie, sur le faict de certains mandements, dont est porteur maistre Duportal.

Soit faict, etc...

---

27 Février 1617.

ORDONNANCE de visite de la tour de Cordouan après la tempête du 20 février 1617.

Archives départementales de la Gironde, C. 3893.

Degâts causés à la tour de Cordouan par la tempête du 20 février 1617. Du 27 febvrier 1617.

Sur la requeste de Nicolas de Saint-Aulady, bourgeois de Bourdeaux, capitaine de la tour de Cordouan, tendante à ce que, des deniers imposés pour l'entretenement de ladicte tour, il soit prins la somme de six cents livres, pour estre employée aux reparations necessaires à faire, à cause de l'orage et tempeste du ciel, advenue le xx de ce mois.

Ordonnons que la vizitte desdictes reparations soit faicte par le maistre des œuvres et reparations de Guyenne, appelé le controleur general des reparations ou son commis, pour ce faire, et, veu le procès verbal et rapport, estre ordonné ce que de raison.

Mandant, etc...

———————◆◆◆◆◆◆———————

ORDONNANCE des trésoriers portant défense de lever plus de quatre sols six deniers par navire chargeant du vin dans la rivière de Bordeaux, pour l'entretien du feu de la tour de Cordouan.

24 Avril 1626.

Archives départementales de la Gironde, C. 3903.

———

Du vendredy xxiiiime d'avril 1626.

Sur ce qui nous a esté representé qu'il se leve ordinairement sur chescun navire entrant dans la rivière de Bourdeaux la somme de douze sols pour l'entretenement du feu qui se faict à la tour de Courdouan, au lieu que de tout temps il n'avoit accoustumé d'estre prins que quatre solz et demy sur chescun navire chargeant vin, sans qu'il nous soit apparu d'aucune lettre ou declaration de Sa Majesté pour l'augmentation dudict droict :

A ces causes, avons faict et faisons inhibitions et deffenses à tout fermier et aultres, de prendre ny lever sur chescun navire aultre ny plus grand somme que lesdicts quatre sols six deniers pour navire, à peine de concussion ; et affin que personne n'en pretende cause d'ignorance, la presente ordonnance sera signiffiée auxdicts fermiers et affichée par tous les lieux accoustumés de la presente ville.

Mandant, etc..., faict le, etc.

———————◆◆◆◆◆◆———————

1645.

DESCRIPTION de la tour de Cordouan, en 1645.

Bibliothèque nationale, Manuscrits, f. fr. 23190, page 17.

Description de la tour de Cordouan, à l'embouchure
de la Gironde, 1645 (¹).

La construction de la tour de Cordouan est une des merveilles du monde, admirée de touttes les nations. Commencée de bastir par Henry II, achevée par Henry IIII, au lieu de l'ancienne tour du temps de Jules Cesar, qui n'estoit bastie que sur pilotis et seulement de brique, ruinée rez pied de terre, et la nouvelle tour fondée sur rocq à trois lieues de la grand'terre.

Vingt pieds de profondeur plus que la basse mer, en l'emboucheure de la rivière de Gironde, à deux lieues de la rivière de Sudre, entre le pas de Maumusson et des Asnes du costé de la cotte de Xaintonge, et le pas de Graves, coste de Médoc. Pour faire laquelle tour dans la mer, a fallu faire des bastardeaux et defenses de grandes pierres de taille de xxx *(sic)* pieds d'espoisseur.

Et outre ledit bastardeau, qui estoit hors le corps de ladicte tour, a esté faict une platte forme toutte massonnée de xxiiii pieds d'espoisseur, en la hauteur de xx pieds, et revestue de grandes pierres de taille en bouttis tout à l'entour de ladicte tour, qui fait environ iiii^{xx} toises de circuit. Et encores y a esté joinct une palisade de pieux et solives de bois de chesne, chevillez et cramponez au tallus et empattement de ladicte tour, avec plomb et ciment. Il y a lx pieds de diamettre qui sont x toises, qui reviennent à xxx toises de circonference au circuit, depuis ledict fondement jusques au premier estage, qui est de hauteur de xx pieds.

Depuis lesdicts xx pieds jusques à un autre estage, xlvi pieds de diamettre, en la hauteur d'autres xx pieds.

Depuis lesdicts xx pieds, un autre estage à xx pieds de diamettre, jusques à la hauteur de xl pieds.

Le phanal ou tribunal, cinquante pieds à hauteur, dans lequel est le bassin à faire le feu touttes les nuitz, depuis le soleil couchant jusques au jour; outre la pyramide posée sur ledict phanal, qui est de xx pieds.

Ladicte tour est enrichie par dedans et dehors des quatre ordres, qui sont dorique, ionique, corniches et composites, suivant les antiquitez.

Et est ledict bastiment de pierre de Taillebourg, semblable à la pierre dezliez dont est basty le Louvre.

Il y a deux grandes cisternes, qui sont voultées et cimentées, dans l'espoisseur de la muraille; outre deux autres au dessus, qui contiennent plus de L muids d'eaue.

Ladicte tour est principalement ainsy construite, pour servir de phare à la navigation et d'asseurances aux maistres et pilottes des navires qui entrent et sortent pour le commerce de Guienne et de Xaintonge, afin de leur faire eviter les naufrages sur les bancs de sables, rochers, et autres perils et dangers, qui sont à l'entrée et sortie desdictes rivieres de Gironde et Seudre la nuict, au moyen du feu qui se void de sept lieues loing; pour signal de fuir ladicte entrée, de nuict. Et le jour, ce grand corps sert de marque pour les dresser et conduire dans les bonnes passes; de sorte qu'il est veritable que cette tour est le sauvement de la vie et des biens des navigateurs, très utile et necessaire au commerce, et sans laquelle la recepte des droitz du Roy et la comptablie, et convoy de Bourdeaux seroient ruinez ou en grande diminution.

Neantmoings ladicte tour a esté abandonnée sans aucun entretenement n'y reparations depuis longues années, quelque sollicitation et instance qu'en ait pu faire le sieur du Chalard, capitaine et gouverneur; si bien qu'il s'est lassé et rebutté d'en importuner messieurs de la Direction des finances; et les bresches qu'a fait la tempeste et le furieux battement de la mer contre ladicte tour sont si grandes, qu'elle est à present en peril très eminent, toutes les defenses du grand tallus et empattement emportées, creusant le corps de la massonne, les garittes tombées, le phanal fandu, depuis le haut de la piramide jusques au petit daume, d'un coup de tonnerre, l'escallier rompu, les gardes corps, les balustres des galleries brisez; tellement que les hommes, gardes de ladicte tour, ne peuvent et ne veulent plus hazarder leur vie pour monter audict phanal et y aller allumer le feu; dont les plaintes sont si publiques, que messieurs les tresoriers de France et juratz de Bourdeaux en ont escript à Leurs Maiestez, afin qu'il leur plaise faire ordonner le fons necessaire pour lesdictes reparations.

Et monseigneur le Chancelier est averty qu'il se lève, depuis plus de cinquante-cinq ans, dix-huict mile livres en la generalité de Bourdeaux, et seize mil cinq centz livres en la generalité de Limoges, ordonnez, libellez, destinez et affectez dans les commissions des tailles, pour l'entretien et reparations de ladicte tour; le fons desquelles deux sommes montant trente-quatre mil cinq cens livres par chacun an, messieurs des finances ont osté de ladicte destination et les ont mis et emploiez aux pontz et chaussées, et n'ont jamais voulu en rien ordonner pour cette reparation si necessaire au service du Roy et du public; à quoy Vostre Grandeur est très humblement suppliée de faire ordonner qu'il soit promptement pourveu ausdictes reparations, par la connoissance qu'elle a de ce superbe, utile et absolument necessaire edifice, qui a cousté plus de quinze centz mile livres à bastir, dont la perte causeroit plaintes generales des provinces de Guyenne, Xainctonge et Poictou, interessées par la debite de leurs denrées à la conservation de cette tour.

Monsieur d'Argenson a fait la visitte desdictes reparations, en vertu des arrests et commissions du Conseil, dont il a dressé son procez verbal, et fait le bail au rabais et moins disant, moienant cent douze mil livres. Reste à le valider, et assigner le fons pour le paiement de l'entrepreneur. Mr de Mauroy a touttes les pièces.

(1) Cette description nous paraît d'autant plus intéressante, qu'elle montre l'état déplorable dans lequel était l'œuvre de Louis de Foix, trente-cinq ans seulement après, avoir été terminée.

——————————

DON fait par Louis XIV au sieur du Challard, conseiller d'État, gouverneur de la tour de Cordouan.

Bibliothèque nationale, Manuscrits, f. fr., 4222, f° 557[1].

Louis, etc. A nos amez et feaux les gens tenans nostre Chambre des comptes de Paris, presidens et tresoriers generaux de France au bureau de nos finances estably audit lieu, salut.

Desirantz gratiffier et traicter favorablement nostre cher et bien amé le sieur du Challard, conseiller en nostre Conseil d'Estat, gouverneur de nostre tour de Cordouan, en consideration de ses services, nous luy avons faict et faisons don par ces presentes, signées de nostre main, de tous et chacuns les droictz de lotz, ventes et autres droictz et debvoirs seigneuriaux, qui nous sont deubs et escheus, à cause du decret sur luy faict ou autrement en quelque manière que ce soit, de quatre estaux de boucherie, sciz en la place appellée le cimetière Saint-Jean, en nostre bonne ville de Paris, mouvant de nous; et ce, à quelque prix et somme que lesdictz droictz se puissent monter et revenir, pourveu qu'ilz ne soyent affermez.

Si vous mandons et ordonnons que ces presentes vous ayez à faire enregistrer, et du contenu en icelles jouir et user ledit du Challard, pleinement et paisiblement; et rapportant, par le receveur de nostre domaine ou autre comptable qu'il appartiendra, copie collationnée des presentes, avec reconnoissance dudit du Challard et la jouissance de nostre present don sur ce suffisante, nous voulons qu'il en soit tenu quitte et deschargé en ses comptes, par vous dites gens de nos comptes, vous mandant ainsi le faire sans difficulté. Car tel est nostre plaisir. Donné à... (¹).

(Cette copie n'étant là que pour servir de modèle lors d'une rédaction d'acte semblable, la date a été supprimée.)

(¹) Le ms. fr. 4222 fait partie de la collection Le Tellier-Louvois ; d'après le catalogue de la bibliothèque, les documents qu'il contient se rapportent aux années 1643-1660. C'est entre ces deux dates qu'il faut placer la pièce relative à du Challard.

DON par Louis XIV au sieur Masson, huissier au Parlement de Paris, des revenus de la charge de commandant de la tour de Cordouan. 30 Avril 1686.

Archives nationales, Gᵛ 136.

Aujourd'huy, dernier du mois d'avril 1686, le Roy estant à Versailles, desirant gratifier et favorablement traitter le sieur Masson, huissier en sa cour de Parlement de Paris, en consideration de ses services dans l'execution de plusieurs commissions importantes que S. M. luy a confiées, où il a donné des preuves de sa fidelité, suffisance et affection, Sa Majesté luy a accordé et fait don de tous et un chacuns les droits, proffits, revenus, esmolumens et appointemens appartenans à la charge de commandant de

la tour de Cordouan qui ont esté indeuement perceus et receus par divers
particuliers depuis la mort du commandeur de Nevesche, dernier pourveu
de laditte charge, deceddé en 1669; voulant Sa Majesté que tous ceux
qui ont jouy desdits droits, proffits, revenus et esmolumens et appointemens en vide *(sic)* leurs mains au proffit dudit sieur Masson, à l'exception
toutes fois, pour ce qui est des appointemens employez, depuis ledit temps,
pour ladite charge dans l'estat des garnisons du royaume, de ceux qui
sont encore entre les mains des tresoriers de l'extraordinaire des guerres,
ou ceulx qu'ilz ont compté comme revenans bons à Sa Majesté; laquelle
en outre a fait don audit sieur Masson de tous les droits, proffits et revenus
appartenans à ladite charge, jusqu'à ce qu'elle soit remplie; à la reserve
aussy des appointemens qui pourroient estre employez pour ladite charge
dans l'estat desdites garnisons, m'ayant Sa Majesté, pour l'execution du
present don, commandé d'expedier audit sieur Masson tous arrests et
ordres necessaires, et cependant, pour temoignage de sa volonté, le present brevet qu'elle a voulu signer de sa main et estre contresigné par
moy, son conseiller, secretaire d'Estat, de ses commandemens et finances.

(Signé :) LOUIS.

(Et plus bas :) PHELIPPEAUX.

1692? **ENVOI par M. de Besons de la copie du brevet accordé par le Roi
au sieur Masson.**

Archives nationales, G⁴ 136.

M. de Besons a eu ordre d'envoyer copie des titres sur lesquels se
fonde le sieur Masson, huissier, pour percevoir les droits de la tour de
Cordouan.

Il envoie copie d'un brevet expedié en faveur dudit sieur Masson, au
mois d'avril 1686, et d'un arrest du Conseil rendu en consequence, le
8ᵉ juillet ensuivant, par lesquels Sa Majesté fait don audit Masson de
touttes les indues jouissances faites par diverses personnes, depuis 1669
que le dernier pourveu de la charge de commandant de la tour de Cordouan est deceddé, des droits, proffits et esmoluments appartenans à ladite

charge, et de la jouissance de tous ces mesmes droits jusqu'à ce que ladite charge soit remplie.

M. de Bezons envoie de plus un estat des anciens droits deus et attribuez à la tour de Cordouan, scavoir :

Vaisseaux estrangers payent. . . . . 12 sols 6 d.
Vaisseaux françois. . . . . 12 — »
Barques françoises. . . . . 12 — »
Chaloupes mouclières et sardinières. . . 12 — »

Asseure que c'est un droit qui se perçoit depuis longtemps.

Il n'y a que le munitionnaire qui en veut exempter les bastimens qui sont pour luy, quoy que ce soit le bastiment qui paye, et non pas les vins qui sont chargez sur le vaisseau.

───────

CONSTRUCTION de la tour de la Coubre, de la charpente du clocher de Saint-Palais-en-Mer et de quatre tonnes pour balises.

Archives du département de la Gironde, Fonds de la Chambre de commerce.

15 Mars 1698.

Le devis de la tour en bois de chêne à faire pour servir de balise sur la pointe de la Coubre, pour faciliter aux vaisseaux l'entrée et la sortie de la rivière de Bordeaux ; de la charpente en bois de chêne à faire sur le clocher de Saint-Palais, pour servir de balise, et le devis de quatre tonnes à faire pour servir aussi de balises, afin de faire éviter les dangers aux vaisseaux et faciliter leur entrée et leur sortie de la rivière de Bordeaux, datent de l'année 1698. L'adjudication des travaux fut faite, le 15 mars 1698, par devant messire Louis Bazin, chevalier, seigneur de Besons, conseiller d'État ordinaire, intendant de justice, police et finances en la generalité de Bordeaux, en son hôtel sis au chateau de Puy-Paulin, pour la somme de 5,000 livres. L'adjudicataire était le sieur Henry Brun, maître charpentier, cautionné par le sieur Jean Chaigneau, maître charpentier de haute futaie, habitant de Bordeaux, paroisse Saint-Michel, que certifioit lui-même le pouvoir le sieur Roberjeau, aussi maître charpentier.

21 Août 1707. **LETTRE de M. Bégon, intendant de la généralité de La Rochelle, relative aux dommages causés par les tempêtes à la tour de Cordouan, et aux réparations urgentes qu'ils nécessitent.**

Archives nationales, G⁷ 340, contrôle général des finances (Intendance de La Rochelle).

Monseigneur,

J'ay receu la lettre que vous m'avés fait l'honneur de m'escrire le 3 de ce mois.

Avant de vous proposer la reparation de la tour de Cordouan, j'avois fait examiner si le desordre qui y est arrivé n'avoit point eté causé par la negligence de l'entrepreneur de l'entretien ; les ingenieurs que j'y ai envoyé et même les habitants des lieux circonvoisins sont tous demeurés d'accord que les tempestes avoient eté si grandes qu'infailliblement elles avoient causé le dommage qui y est arrivé. Il est vray que par les devis sur lesquels les adjudications ont eté faites les 8 juillet 1697 et 17 avril 1700, il est dit que s'il se faisoit quelque brèche au revestement exterieur, qu'elle seroit payée à raison de 15 livres la toise quarrée, de deux pieds d'epaisseur, parce que l'on a suposé que les materiaux se trouveroient au pied, cela est entendu des petites breches.

Mais il est aussi dit, dans chacun desdits devis, que si le corps ou massif de ladite tour et contour d'icelle (ce qui s'entend de la première enceinte) viennent à tomber, soit en tout ou partie, par accident du feu du ciel et tempestes impreveües, que l'adjudicataire n'en pourra être recherché ny inquiété.

Il est très certain que le dommage dont il s'agit a eté causé par de si grandes tempestes que les materiaux ont eté brisés et même emportés par la violence de la mer ; il faut donc des pierres neuves, des crampons de fer à toutes les assises, coulés en plomb, et par consequent cette reparation est de la nature de celles dont il est parlé cy dessus, et que l'entrepreneur n'y est point obligé, aux termes des devis.

Le détail de l'estimation qui a eté faite par les ingenieurs se monte à 109 livres, et l'adjudication a eté faite à 100 livres la toise quarrée ; on ne peut pas aporter plus de précaution que l'on a fait dans cette adjudication.

Je n'ay pas cru devoir differer à y faire travailler en attendant que le Roy en ordonne le fonds, sans risquer la ruine entiere du plus bel ouvrage du royaume, qui auroit pery pendant l'hyver, et l'endroit de sa scituation n'estant accessible que pendant juin et juillet. Ce n'est point monsieur Le Peletier qui a ordonné le fonds de cet entretien qui s'est toujours fait sous les ordres de MM. de Breteuil et de M. Rouillé du Coudray.

Pendant que cet entretien etoit de la generalité de Bordeaux, il s'en payoit 3,950 livres que j'ay reduit à 2,500 livres par l'examen et l'exactitude que l'on y a aportés, outre les cas impreveus, comme celuy dont il s'agit, qui se sont toujours payés separement sur les recettes generales; mais il faut un arrest du Conseil qui l'ordonne.

Je suis avec infiniment de respect, Monseigneur, vostre tres humble et tres obeissant serviteur.

A Rochefort, le 21 aoust 1707.   BEGON.

Apostilles en tête de la lettre :

De Chamillart. — « Envoyer à M. Le Pelletier; je le prie de me mander si cela fait partie des depenses du domaine ou des fortiffications. »

De Le Pelletier. — « Les depenses de la tour de Cordouan n'ont jamais esté prises sur le fond des fortifications; je crois qu'ils se levent *(sic)*, pour l'entretien du feu du fanal, un droit sur les bastimens de mer. J'ay donné, il y a quelques mois, un memoire à M. Chamillart au sujet de l'entretien de cette tour. »

De Chamillart. — « Il me paroist que les despenses à faire pour l'entretien de ladite tour doivent se prendre sur les droitz qui se levent pour l'entretien du fanal. »

***

PLAINTES de divers capitaines sur le manque d'éclairage de la tour de Cordouan.   1706-1710.

Archives départementales de la Gironde, Fonds de la Chambre de commerce, reg. A.

Extrait de la seance du jeudy, 22 avril 1706, des membres de la Chambre de commerce de Guienne. Étaient presents : MM. Reymond,

Comin, Brunaud, Massion, Barreyre, Roche, Ribail, Billatte, et Saige.

. . . .

Le sieur Lafore s'est présenté avec un mémoire signé par quarante capitaines de vaisseaux portant plainte qu'étant entrés dans cette riviere, depuis le 5 jusques au 12 de ce mois, on n'avoit point mis de feu à la tour de Cordouan, ce qui auroit failli à les faire perir.

Sur quoy la Chambre a deliberé d'ecrire à monseigneur le Controleur general et de lui envoyer ledit memoire. . . . .

(Suivent les signatures des membres désignés ci-dessus.)

Extrait de la séance du jeudy, 11 octobre 1708. Presents : MM. Bensse, Denis, Roux, Lafosse, Partarrieu, Piffon, Lamarre, Marchandon et Billatte.

Le sieur Diers de Ras a presenté la soumission, pour obtenir un passe-port pour un vaisseau hollandais, que la Chambre luy a remise, après l'avoir certifiée.

Il a eté fait lecture d'un memoire presenté par le sieur Lafore, inter-prete-juré des langues du Nord, sur la plainte que plusieurs maitres de vaisseaux qui entrerent, le 7 et le 8 de ce mois, dans la riviere de Bor-deaux, ont fait devant le juge de l'Amirauté, de ce qu'ayant eté forcé d'entrer de nuit dans la riviere, ils avoient couru risque de perir, faute d'avoir veu du feu allumé à la tour de Cordouan.

Sur quoy la Chambre a deliberé d'ecrire à monsieur de Begon, intendant à Rochefort, et de luy envoyer ledit memoire, et le prier de donner ses ordres, afin qu'à l'avenir on tienne le feu allumé toute la nuit à ladite tour

(Suivent les signatures des membres ci-dessus désignés.)

Extrait de la seance du 7 septembre 1710. Presents : MM. Aquart, Lamy, Saincric, Chaumeton, Reymond, Bensse, Cholet, Rozier et Brunaud.

Le sieur Lafore, interprete des langues etrangeres, s'est présenté à la Chambre en compagnie de plusieurs capitaines et maistres de vaisseaux arrivés en dernier lieu sur le port de la presente ville, et ont representé que, depuis certain temps, les fanaux de la tour de Cordouan n'etoient plus allumés pendant la nuit, que cela causeroit infailliblement le naufrage et la perte de plusieurs bâtiments, surtout dans la saison où nous allons.

entrer, et qu'il etoit du soin de la Chambre, pour le bien du commerce, de faire remedier à cet inconvenient, de faire que lesdits feux soient promptement retablis, et pour cela ils ont remis sur le bureau un placet adressé à la Chambre, signé desdits capitaines.

Sur quoy il a eté deliberé que ledit placet sera envoyé par le premier ordinaire à monsieur de Beauharnois, intendant à Rochefort, avec une lettre de la Chambre, qui le suppliera de faire retablir et entretenir lesdits feux . . . .

(Suivent les signatures des membres désignés ci-dessus.)

ADJUDICATION de l'entretien des feux et des bâtiments de la tour de Cordouan.   21 Août 1716.

Archives de la Charente-Inférieure, série C. 44. n° 1.

Devis de ce qu'il convient faire pour l'entretien des feux et des batimens de la tour de Cordouan, scituée à l'embouchure de la riviere de la Gironde, pour servir de fanal et éclairer les vaisseaux et leur faire eviter les ecuils qui se rencontrent à l'entrée de cette riviere.

Le tems de l'adjudication qui a eté faite au sieur Vendril Lefel, le 3 fevrier 1709, estant expiré le dernier decembre 1715, il est necessaire de la renouveller, et pour instruire le futeur entrepreneur des heures auxquelles il sera tenu d'alumer les feux et les temps qu'ils doivent durer, on en a dressé le calcul ci-dessous.

Ces feux seront alumez immediatement une heure après le soleil couché et seront entretenus jusqu'à une heure avant le soleil levé, qui est à peu près le temps que durent les crépuscules; les heures de nuit seront comptées comme elles se rencontreront à chaque quinzaine des mois, sans que, sous pretexte ou occasion que se soit, l'entrepreneur puisse se dispenser d'alumer les feux aux heures ci-dessous dittes, sous paine de quinze livres d'amande, chaque fois qu'il sera trouvé en faute, applicable aux pauvres de l'hopital de Royan, et pour le contenir dans ce _____, il sera ordonné, par monsieur l'Intendant, un commis à ses depens pour prendre garde à l'execution du present devis.

Mois d'hiver.	Soir.	Matin.	Reduction.
Les feux seront allumés :			
En janvier, depuis....	5ʰ 1/2 jusqu'à 6ʰ »	qui font	12ʰ 1/2
Fevrier, à	6 »	5 1/2	11 1/2
Mars, à	7 »	5 »	10 »
Octobre, à	6 1/2	5 1/2	11 »
Novembre, à	5 1/2	6 »	12 1/2
Décembre, à	5 »	6 1/2	13 1/2
	TOTAL des six mois d'hiver......		71 heures.

qui reduiront ces nuits pendant lesdits six mois d'hiver à environ douze heures, pendant la première desquelles l'entrepreneur fournira six buches, la seconde quatre, la troisième trois, et ensuite deux d'heure en heure, qui feront 31 par nuit, peu plus, peu moins, suivant le temps qu'il fera, parce que dans un calme il s'en brule moins, et dans un gros temps il s'en consomme davantage ; il fournira aussi des brimbos propres à alumer les feux, au moyen desquels il ne faut ny paille ny fagot.

Mois d'esté.	Soir.	Matin.	Reduction.
Les feux seront alumez :			
En avril, depuis	8ʰ » jusqu'à 4ʰ »	qui font	8ʰ »
May, à	8 1/2	3 1/2	7 »
Juin, à	9 »	3 »	6 »
Juillet, à	8 1/2	3 1/2	7 »
Aoust, à	8 »	4 »	8 »
Septembre, à	7 »	4 1/2	9 1/2
	TOTAL des six mois d'esté......		45ʰ 1/2

qui font environ sept heures et demie par nuit, pendant lesquelles l'entrepreneur fera la fourniture dans le meme ordre, revenant à vingt-deux buches par nuit, et les brimbos pour alumer comme dessus.

Il aura soin de faire les amas de bois pendant l'esté, ainsy que des pierres, chaux, charbon, fer, plomb et autres materiaux necessaires audit entretien, lesquels seront transportés de suite dans ladite tour, à cause des difficultés d'y aborder pendant l'hiver.

On portera journellement au haut de la tour les buches et brimbos destinés au feu de la nuit; il sera aussy fourny par l'entrepreneur la chandelle et l'huile dont on aura besoin, ainsi que les coins secs, haches et masses pour fendre ou couper le bois, meme le masque d'airain avec des conserves et des brancards, dont se doit servir le gardien qui sera employé à alumer et entretenir les feux.

Les buches dont les quantités sont expliquées ci-dessus, et plus grande s'il en est besoin, auront quatre pieds de longueur.

Il sera permis à l'entrepreneur d'employer à l'entretien desdits feux moitié gros bois de racine de pin, qui se tire de la forest d'Arvert et lieux circonvoisins, et moitié bois de chesne.

Entretien de la maçonnerie et des batimens.

Cet entretien consistera à reparer journellement les joints de la pierre de taille de l'exterieur de ladite tour et de la fausse braye, remplissant sur le champ tous les vuides et coucaintes qui s'y feront, avec mortier composé de deux parties egallés, l'une de chaux vive, eteinte depuis 24 heures, et l'autre de ciment de tuillots parfaitement cuits passé au tamis fin; et, pour le porter plus profondement dans les joints, on se servira de lames de fer faites exprès; sy cet expedient ne suffisait pas pour remplir parfaictement les joints ou vuides interieurs, on y introduira des tampons de chanvre imbibés de ciment, en sorte que le mortier souffle au dehors, ensuitte ces joints en seront recirés à plusieurs reprises et recouverts de terre grasse, pour empecher qu'ils ne soient lavés avant d'etre secs.

S'il arrivait que la violance de la mer fist quelque breche au revetement de la fausse braye, non causée par la negligence de l'entrepreneur, mais seulement par l'effort des flots, il ne sera obligé qu'à la reparation d'une demy toise quarrée, en chacun endroit. Lorsque les breches seront plus considerables, il en donnera avis à l'ingenieur chargé du soin de cet entretien, pour prendre de luy les ordres necessaires à leur retablissement; lequel sera payé par le Roy, suivant l'estimation qui en sera faite.

La reparation de l'escalier et des portes de la principale entrée feront partie de l'entretien cy-dessus.

L'entrepreneur entretiendra pareillement et refera les joints du corps de ladite tour et reparera tous les petits desordres qui pourront arriver ainsy que les piramides; il nettoyera soigneusement les galleries; afin que les eaux pluviales ayent une libre evacuation, leur otant par ce moyen le temps d'y croupir.

Il entretiendra les citernes, puys et caves, dans toutes leurs parties sans exception, et il les nettoyera une fois l'an.

Il reparera le pavé des cours, les guerites, boutiques, forges et leurs couvertures, et generalement tous les batimens dependans de ladite tour; pourquoy faire, il fournira tous les materiaux, outils et ouvriers necessaires, et il entretiendra proprement et nettement l'autel de la chapelle.

S'il arrive destruction de ladite tour, en tout ou en partie, par accidant du feu du ciel ou tempeste impreveue, l'entrepreneur n'en pourra etre recherché ny inquieté.

Il entretiendra toutes les portes, fenestres, vitres, chassis, contrevents, peintures, gonds, ferrures, tarjetes, verrouils, volets et generalement tout ce qui contribue aux ouvertures et fermetures de ladite tour, en toutes les parties, et en huillera les ferrures deux fois l'an.

Les vivres et materiaux, qui seront destinés pour les ouvriers et ouvrages ci-dessus, seront exemptés de tous droits royaux, ladite tour estant dans une meme province, generalité et election.

Les lieux cy-dessus seront remis en très bon estat, en toutes leurs parties, par Vendril Lefel, dernier adjudicataire, ainsy qu'il est obligé par son bail du 4 mars 1709; dont il sera fait une visite en presence du futeur entrepreneur, et en cas qu'ils se trouvent en bon estat, il en demeurera bien et valablement dechargé et en sera payé par le nouvel adjudicataire, depuis le premier janvier dernier jusqu'au jour de sa prise de pocession, sur le pied du nouveau bail, sinon ils seront reparés et retablis sur ce qui se trouvera du audit Lefel; et s'il ne suffit, luy et sa caution seront contraints au payement du surplus; moyenant quoy, le nouvel entrepreneur s'en chargera et s'obligera de les rendre à la fin de son bail, aussy entiers qu'il luy auront eté remis; il se chargera encore d'un grand vase d'airain dans lequel s'alumoit autrefois le feu dans la lanterne.

L'ancien entrepreneur ayant dans la tour provision de vivre, bois et autres materiaux, il les cedera au nouvel adjudicataire pour le prix dont ils conviendront de gré à gré, ou s'ils ne conviennent pas, il en sera decidé par des arbitres qui seront pris de part et d'autre.

Toutes les visites, qui seront faites pour connaître si l'entrepreneur s'aquite des conditions contenues au present devis, seront faites grattis, sans que l'entrepreneur soit obligé à aucun frais ny depense, telles qu'elles puissent etre, hors celle de conduire à ladite tour et ramener avec sa chaloupe (qu'il sera obligé d'entretenir de radou, aparaux et d'equipage) l'ingenieur qui sera commis pour faire lesdites visites.

On demandera à monsieur l'Intendant de la marine d'ordonner quatre matelots de la paroisse d'Annaux pour le fermier de ladite chaloupe à laquelle ils seront affectés, sans qu'il leur soit permis de s'engager ailleurs, au moyen des gages dont ils conviendront de gré à gré avec l'entrepreneur, soit par mois ou par voyage.

Le marché qui sera fait en consequence du present devis sera censé commencer le premier janvier et finira le dernier decembre que l'on comptera 1721; l'entrepreneur en sera payé tous les ans par le receveur general des finances en exercice, ou ses commis, suivant et conformement aux etats qui en seront arrestés au Conseil.

L'entrepreneur donnera bonne et suffisante caution pour l'execution cy dessus, circonstances et dependances.

Fait à Rochefort le 7 aoust 1716.

(Signé :) HUOT.

Aujourd'hui vingt et un aoust mil sept cent seize, par devant nous, Jean-François de Creil, chevalier, marquis de Creil, Bournezean, baron de Brillac et autres lieux, conseiller du Roy en ses Conseils, maitre des requetes ordinaires de son hostel, intendant de justice, police et finances en la generalité de La Rochelle, en consequence des publications que nous avons fait faire, tant en cette ville qu'en circonvoisines, que l'entretien des feux et des bâtiments de la tour de Cordouan, contenus au present devis, estoient à donner au rabais, et que l'adjudication s'en feroit aujourd'huy en nostre hostel à La Rochelle deux heures de relevée, où s'estant assemblés plusieurs personnes, nous leur aurions fait lire ledit devis qu'elles nous ont dit bien entendre pour en avoir eu communication, et une parfaite connaissance des lieux, après quoy ledit entretien aurait été mis à prix en bloc.

L'entretien des feux et des batiments de la tour de Cordouan en bloc :

Par Jullien Bonnichon, à	3,500 l.	»
Par Jean Aufour, à	3,000	»
Par Dominique Dubois, à	2,700	»
Par Gilbert Fourau, à	2,500	»
Par Vendril Lefel, à	2,300	»
Par ledit Bonnichon, à	2,200	»
Par ledit Lefel, à	2,100	»

Et ne s'estant presenté personne qui ait voulu faire la condition du Roy meilleure que ledit Vendril Lefel, et après que les autres rabaissans se sont desistés, nous luy avons adjugé et adjugeons l'entretien des feux et des batiments de ladite tour de Cordouan, en bloc, à deux mille cent livres aux charges, clauses et conditions dudit devis, et assistant, ledit Lefel a presenté pour caution la personne de Pierre Bernede, auquel lecture ayant eté faite desdits devis et adjudications, il s'est solidairement obligé et oblige à leurs executions, circonstances et dependances, comme pour les propres affaires du Roy, elisans leurs domiciles preuvrables et maisons où ils sont demeurant à Rochefort.

Fait à La Rochelle les jour et an susdits.

(Signé :) DE CREIL, Vandril LEFEL, † (marque de Pierre BERNEDE).

1718-1719. **DÉLIBÉRATION de la Chambre de commerce au sujet de la perte de navires occasionnée par le manque de feux sur la tour de Cordouan.**

Archives départementales de la Gironde, Fonds de la Chambre de commerce, reg. B.

Seance du 13 janvier 1718.

Extrait du proces-verbal des deliberations du Conseil de la Chambre de commerce de Guienne. Presents : MM. Brunaud, Peyronnet, Gautier, Tiffon, Roche, Billate, J^m Lamy, Brivazac et Massieu.

Les sieurs Perez et Francia, negociants de cette ville, ont porté leurs plaintes à la Chambre sur ce que deux vaisseaux à eux appartenant ont fait naufrage avant d'entrer dans la riviere, n'ayant pu decouvrir les ecueils qui les ont fait perir, par le defaut des feux qui doivent etre entretenus sur la tour de Cordouan, et plusieurs maitres de vaisseaux en ayant aussi du danger qu'ils ont couru d'en faire de meme, par la cessation de l'entretien des feux. Il a eté deliberé qu'il seroit ecrit sur cela à Mr de Marsault, comme aussi pour l'informer du renversement de la pyramide de bois elevée sur la pointe de la Coubre, au bas de la riviere, des mouvements que Mr du Creil, intendant de Rochefort, s'est donné sur cela et qu'il luy seroit envoyé les memoires que la Chambre a dressés là-dessus et qui ont eté envoyés cy-devant à Son Altesse royale Monseigneur le duc d'Orleans, afin qu'il luy represente la necessité qu'il y a de faire retablir ladite pyramide, ou faire faire d'autres signaux pour que les maitres des vaisseaux evitent les bancs de sable et autres ecueils qui se trouvent avant l'entrée de la riviere, sans quoi les vaisseaux destinés pour Bordeaux, Blaye et Libourne, courent risque de se perdre infailliblement : de quoy il sera donné avis à Mr Fenelon, et des lettres qu'on a ecrites à Son Altesse serenissime Monseigneur le comte de Toulouse, grand amiral de France, et à Mr de Marsaut sur la necessité qu'il y a que l'Etat fit armer quelque vaisseau pour donner chasse aux forbans qui infestent les costes des isles françoises de l'Amerique.

. . . .

(Suivent les signatures des membres de la Chambre ci-dessus désignés.)

Seance du 7 décembre 1719.

Extrait du procès-verbal des deliberations du Conseil de la Chambre de commerce de Guienne. Presents : MM. Dubergier, Brisson, Cousin, Reymond, Brunaud, Cholet, Castaing, Massieu jeune et Ribail fils.

Plusieurs capitaines de navires, qui ont eté forcés de rentrer dans la riviere à cause des vents contraires, ont remis à la Chambre leur declaration, qui justifie que la nuit du 1er de ce mois trois vaisseaux voulant rentrer dans la riviere, à cause du mauvais temps, s'etoient perdus par le defaut des feux de la tour de Cordouan, et que plusieurs autres avoient souffert des dommages considerables.

Sur quoy il a esté deliberé que ladite declaration, translatée en françois, seroit envoyée à M. du Creil, intendant de la generalité de La Rochelle, pour l'informer de la perte de ces vaisseaux et pour le prier de donner ses ordres pour que les feux de la tour de Cordouan soient regulierement entretenus.

. . . .

Monsieur Castaing, directeur de la Chambre et receveur du droit permis d'être levé pour le retablissement de la pyramide de bois sur la pointe de la Coubre, au bas de la riviere, a representé qu'en execution de l'arrest du Conseil du 7 mars 1719, qui permet à la Chambre de faire la levée, il avoit reçu jusques à ce jour la somme de 4,000 livres ou environ qu'il avoit en caisse, et d'autant que par ledit arrest il ne peut estre levé que ladite somme de quatre mille livres pour remplir l'adjudication faite par M. du Creil pour le retablissement de ladite pyramide, il avertissoit la Chambre de l'etat de sa recette.

Sur quoy il a esté deliberé que ladite somme de 4,000 livres n'etant pas suffisante pour toutes les depenses qu'il convient faire pour le retablissement de ladite pyramide, la levée dudit droit sera continuée jusques au retour de Paris de monseigneur de Courson, auquel il sera ecrit samedy prochain et concernant ce, pour l'informer de la perte des trois vaisseaux par le defaut des feux de la tour de Cordouan; et monsieur du Creil, intendant de La Rochelle, sera aussi informé que ledit sieur Castaing a en caisse ladite somme de 4,000 livres dont il peut disposer pour les premiers achats qu'il convient faire pour ladite pyramide.

Le secretaire de la Chambre a rapporté que, le 29 du mois passé, en execution des ordres de la Chambre, il avoit fait faire par monsieur Bel, tresorier de France et commissaire à ce deputé, à la marge de l'arrest du Conseil du 16 may 1705, portant etablissement de la Chambre, la reduction des gages de la Chambre du denier 20 au denier 25, et qu'ensuite ayant demandé au sieur Fossier, commis de monsieur Dodun, le paiement des gages de la Chambre de 1746, en vertu de l'ordre de monseigneur le Regent que monsieur Billatte avoit obtenu le 18 may 1719, ledit sieur Fossier avoient repondu que messieurs les receveurs generaux des finances ayant esté supprimez, M. Dodun n'avoit en ses mains aucun fonds pour

payer lesdits gages, et qu'il falloit pour cela s'adresser à messieurs les directeurs de la Compagnie des Indes qui regissoit *(sic)* à present les finances,
sur quoy il a esté deliberé qu'il sera ecrit à M. Billatte sur cela, afin qu'il
tache d'obtenir des sieurs directeurs des finances un ordre pour le paiement desdits gages, lequel sera aussi informé du naufrage des trois
vaisseaux, arrivé par le defaut des feux de la tour de Cordouan.

(Suivent les signatures des membres de la Chambre ci-dessus désignés.)

MÉMOIRE sur l'entretien des feux de la tour de Cordouan.　　　　1720.

Archives départementales de la Gironde, Fonds de la Chambre de commerce.

---

*Mémoire des directeurs de la Chambre de commerce de Guienne au sujet de
l'entretien du feu de la tour de Cordouan servant de phare à l'embouchure
de la rivière de Gironde.*

La tour de Cordouan, située sur un rocher à l'entrée et au milieu de la
riviere de Gironde, est sans contredit un des plus anciens et des plus
beaux phares de l'univers; on ne sçait pas en quel tems cette tour a esté
batie pour la premiere fois, on lit sullement dans la chronique de Bordeaux
qu'il y avoit anciennement et au tems de l'empereur Antonin une isle
nommée Antros à l'embouchure de la riviere de Gironde, à l'endroit où
est la tour de Cordouan, que cette isle fut emportée par la mer, que la
tour a esté rediffiée en l'année 1584 par Louis de Foix, architecte et
ingenieur du roy Henry second, aux depens des habitans de la province
de Guienne.

L'etat du Roy de la province est chargée de la depense du feu de la
tour de Cordouan, l'adjudication de cette depense s'estoit toujours faite à
Bordeaux par messieurs les commissaires deputés dans la province, avant
que la Xaintonge eut esté demembrée de la generalité de Bordeaux, et
cette adjudication n'avoit jamais esté portée au-dessous de 4,500 livres,
au lieu que depuis environ vingt-huit ans qu'elle se fait à Rochefort, le
prix en a toujours esté diminué et enfin reduit à 2,100 livres, ce qui a
autorisé les adjudicataires à negliger de faire le feu; cette negligence

a causé plusieurs naufrages sur la coste aux environs de l'embouchure de la riviere, et en dernier lieu, le premier du mois de decembre 1719, de trois vaisseaux qui ont peri faute de feu à la tour de Cordouan.

Les directeurs de la Chambre du commerce de Guienne se sont souvent plaints à messieurs les intendants de Rochefort qu'il ne se faisoit que rarement du feu à la tour de Cordouan et que celuy qu'on y faisoit ne duroit ordinairement que deux à trois heures, les adjudicataires de cet entretien ont toujours trouvé le secret de se tirer d'intrigue à la faveur de certaines attestations mandées d'un feu regulier; ces attestations seroient dementies par tout ce qu'il y a de pilotes cotiers et d'autres personnes domiciliées aux environs de la coste, si on leur demandoit d'attester la vérité.

Le dernier adjudicataire nommé Fer, autrement Picart, forgeron de profession, ne peut pas avoir attention à ce que le feu se fasse et dure regulierement pendant toutes les nuits, puisqu'il est domicilié à Rochefort, eloigné d'une journée de la coste; d'ailleurs, quand même il resideroit sur les lieux, il ne sauroit pourvoir à la depense indispensable de ce feu avec 2,100 livres, prix de son adjudication, puisque cet entretien a du couter es années precedentes environ 4,000 livres.

Etat de la depense indispensable :

Il faut au moins douze milliers de buches, qui coutoient cy-devant, rendues à la tour, environ cent livres le millier, cy . . . . . livres. 1,200

L'entretien et le salaire de deux gardiens, qui est le moins qu'on puisse mettre à cette tour, ne peuvent pas avoir couté moins de 1,200

Quatre matelots pour conduire la chaloupe destinée au service de la tour, ont du couter au moins. 1,000

L'entretien de la chaloupe, environ. 200

3,600

L'adjudicataire ne peut avoir moins de 400 livres pour ses peines et soins, cy. 400

TOTAL. . . . . livres. 4,000

Voila la plus grande economie qu'on ait pu pratiquer les années precedentes; mais toutes choses ont augmenté considerablement, la depense d'un feu regulier à la tour de Cordouan coutera dorenavant plus de 6,000 livres par année.

Il n'est pas moins important de pourvoir à l'entretien de l'edifice de la tour de Courdouan que du feu qui s'y doit faire toutes les nuits; si on avoit eu soin de faire reparer les breches à mesure qu'elles commençoient à se faire, il n'auroit pas couté la dixieme partie de la depense que l'Etat a faite en divers tems pour les reparations de cette tour.

Comme la navigation de la riviere de Gironde interesse principalement les habitans et les negocians de la province de Guienne, et qu'il est justifié par la chronique de Bordeaux que la tour de Cordouan a eté rediffiée à leurs depens en l'année 1584, il semble qu'il seroit aussy juste que convenable au bien de leur commerce de rejoindre à l'intendance de Bordeaux l'inspection sur l'entretien du feu de la tour de Cordouan et des balises de la riviere de Gironde, avec toute juridiction sur ceux qui seroient chargés de cet entretien.

Les directeurs du commerce de Guienne se chargent du soin de cet entretien, de fournir à la depense et de faire construire et entretenir une balise au lieu appelé la Coubre, ordonnée par l'arrest du Conseil du 7 mars 1749 et conformement au plan et au devis faits par l'ordre de monsieur de Creil, si le Conseil veut avoir la bonté de leur permettre de faire la levée de deux sols par thonneau sur les batimens d'entrée dans la riviere de Gironde, ordonnée par le susdit arrest, à condition que le tresorier de leur Chambre qui en fera la recepte ne sera pas tenu d'en compter à la Chambre des comptes, mais sullement devant les directeurs du commerce, en presence de monsieur l'Intendant.

Cette levée de deux sols par tonneau pourroit produire en tems de paix, année commune, de 7 à 8,000 livres et environ le tiers en tems de guerre; la depense de l'entretien du feu et de la tour de Cordouan et de la balise de la Coubre couteroit environ 6,000 livres; l'excedant de la levée serviroit de supplement aux gages de la Chambre de commerce, ordonnés et fixés, par l'arrest du Conseil du 26 may 1705, à la somme de 4,086 livres, et reduite par l'edit du mois _____ à celle de 1,634 livres 10 sols pour le fort principal de 95,380 livres, payée au tresor royal par le corps des marchands et des artisans de ladite province.

La modicité de cette levée de deux sols par tonneau et l'utilité que le commerce en retireroit feroient que les sujets du Roy n'auroient pas lieu de s'en plaindre, encore moins les etrangers, puisque partout où il se fait des feux sur les costes, on leve un droit bien plus fort, qui va en quelques ports d'Angleterre à plus de quinze sols par tonneau.

Si cette levée estoit accordée pour toujours, il faudroit supprimer le petit droit de douze sols par batiment, qui se leve à Blaye pour le feu de la tour de Cordouan; ce droit, qui peut produire, année commune, environ 800 livres et qui se leve au profit d'un particulier, qui pretend en avoir eu le don de Sa Majesté, donne souvent lieu au retardement des batiments.

Au dos : *A Monsieur Jaubert.*

---

11 Septembre 1721. **RETOUR à l'Intendance de Bordeaux de l'inspection de la tour de Cordouan et levée des sommes destinées à son entretien.**

Archives départementales de la Gironde, Fonds de la Chambre de commerce. Délibérations, reg. B.

Extrait du proces-verbal de la seance, du 11 septembre 1721, de la Chambre de commerce de Guienne.

Etaient presents : MM. Dumas, Dubergier, Fossier, Arquier, Bensse, Peyronnet, Gautier, Rozier et Brisson.

La Chambre a fait lecture de deux lettres de M. Billette, des 2 et 6 du present mois.

Par la premiere, il dit que la reunion à l'intendance de Bordeaux de l'inspection sur la tour de Cordouan et sur les adjudicataires des feux qui doivent y estre faits pendant la nuit, a esté enfin deliberée, et il sera incessamment rendu un arrest à ce sujet; mais M. l'Amiral s'est opposé à la levée pour toujours des deux sols par tonneau, à moins que cette levée ne se fit par son receveur, ce quy ne lui paroit pas convenable aux interests de la Chambre; après que cet arrest aura esté rendu, il proposera à la Chambre, s'il luy est permis de venir à Bordeaux pendant l'automne, un autre fond à demander, qui produira à peu près la même chose que la levée de deux sols, et au cas qu'il ne puisse pas venir en province, il proposera par lettre la chose à la Chambre; ajoute que M. l'Intendant recevra au premier jour un ordre pour faire rendre compte à la Chambre de la levée qui a esté faite de deux sols par tonneau, après quoy le Conseil donnera un arrest, qui permettra de renouveler cette levée jusques à concurrence d'une somme suffisante pour faire construire la balise de la Coubre.

.   .   .   .

(Suivent les signatures des membres désignés en l'autre part.)

PROTESTATION des capitaines du port de Bordeaux et des pilotes du port   31 Août 1741.
de Pauillac contre le projet de démolition de l'église et clocher de Soulac.

Archives départementales de la Gironde, Chambre de commerce : Délibérations.

A Messieurs les Directeurs de la Chambre de commerce, à Bordeaux.

    Messieurs,
    Nous avons l'honneur de vous representer qu'etant avertis du dessein qu'ont les habitants de la paroisse de Soulac de faire construire une nouvelle eglize dans un lieu convenable et limitté par monseigneur l'Archeveque, et de demolir l'ancienne eglize avec le clocher pour employer les matériaux qui proviendront de ladite demolition à la construction de la nouvelle eglize, il est certain qu'on ne peut pas faire le service divin dans l'ancienne eglize, parce que les sables qui en sont trop près en ont fermé l'entrée, mais qu'il est absolument nécessaire de laisser subsister cette ancienne eglize et clocher, parce que l'un et l'autre nous servent depuis un temps immemorial de balise et visée pour l'entrée et sortie des batiments dans la riviere de Bordeaux, et que, si l'un et l'autre etoient detruits suivant le dessin des habitants, il est certain que cela occasionneroit beaucoup de naufrages et que plusieurs batiments y periroient par la destruction et demolition de laditte eglize et clocher, qui sert de balise et visée pour eviter les ecueils facheux, au moyen de quoy nous, capitaines et pillottes, vous supplions, messieurs, de faire faire

des deffences auxdits habitants de demolir laditte eglize et clocher, sauf
aux habitants de se pourvoir ainsy qu'ils aviseront pour obtenir une
indemnité des materiaux dont sont construits laditte eglize et clocher,
nous esperons, messieurs, pour l'interet du commerce et de la navigation,
vos diligences, attendu le cas urgeant dont s'agit.

> BATANCHON, F. CRUON, François FOUGERON, L. CANTELOUP, BAR-
> BERIN, J.-B. CARTON, Michel BOISSEAU, A. CAUSSADE, BARBE,
> L. VIAUD, IVELZOLLIER, G., DRAVEMAN, BOUTIN, J. LACLAVERIE,
> ANTRUSSEAN, J.-P. GUIAL, J. COUPRIE, J. GERBEAU, G. GALLON,
> DUGUÉ, SARRAZIN, P. ROBERT, A. BIGEAUD, ROYÉ, PLASSAN,
> TAUDIN, J. BAURIE, J. KANON, pilote lamaneur.

Nous, pillottes logmans et lamaneurs du port de Pauillac, certifions et
attestons que l'eglize de Soulac est absolument necessaire pour servir de
balise à entrer les vaisseaux dans la riviere de Bordeaux, et qui est la
plus utile avec la tour de Cordouan; c'est pourquoy, nous supplions
messieurs les directeurs de la Chambre de commerce de vouloir nous
accorder ce quy est contenu en la requeste ci-contre.

> Pierre BACQUEY, syndic, Bernard RABÈRE, J. CAMAZEAU, Jean
> LAPORTE; Dominique RANTIER, ne savoir signé a fait sa
> marque †; François GREGOIRE, ne savoir signé a fait sa
> marque †; Pierre ROLAN, ne savoir signé, a fait sa marque
> ordinaire †; Jean ROLAN, ne savoir signé, a fait sa marque
> ordinaire †.

Du 31 août 1741 :

Extrait de la seance.

Il a esté aussy fait lecture d'un memoire presenté par les capitaines de
ce port et les pillottes lamaneurs et logmans du port de Pauillac au sujet
de la crainte qu'ils ont de la demolition de l'eglize et cloché de Soulac.

A eté deliberé qu'on a adopté ce memoire et qu'on ecrira en consequence
à monsieur l'Amirail et à monsieur de Maurepas, après que monsieur Saincric en aura conferé avec messieurs de Navarre et de Rostan, ainsy qu'il
en a esté chargé.

> (Ont signé au registre :) SAINCRIC, DUBERGIER, PASCAUD, André
> CROZILHAC, SAINT-MARTIN, JUNG, CAUVY.

ADJUDICATION des ouvrages à faire au mur d'enceinte et au pavé de la cour de la tour de Cordouan. Octobre 1769.

Archives de la Marine, dépôt du Magasin des vivres de Bacalan.

Adjudication des ouvrages à faire au parapet du mur d'enceinte de la tour de Cordouan et au pavé de la cour.

Aujourd'hui, vingtième octobre mil sept cent soixante-neuf, nous, François-Ambroise d'Aubenton, écuyer, conseiller du Roy en ses conseils, commissaire général de la marine, ordonnateur au département de Bordeaux et Bayonne, en conséquence de l'arrêt du Conseil du onzième décembre mil sept cent soixante-huit, il est important que les ouvrages à faire au parapet ou mur d'enceinte de la tour de Cordouan soient solides, et, pour le mettre en état de résister aux efforts de la mer, le parement ou revêtement extérieur de ce mur sera construit, conformément au plan cy-joint, en carreaux et boutisses de pierre de la carrière de Beguey, près Cadillac sur Garonne, comme étant la plus dure et la plus propre pour ces ouvrages; ces carreaux auront chacun dix-huit pouces de lit sur trois pieds de parement, et les boutisses deux pieds et demy de lit sur deux pieds de parement, et sur la hauteur des assises actuellement en place, enclavées les unes dans les autres, ainsi est marqué par la lettre *A* dans ledit plan, par des entailles qui auront dans les boutisses huit pouces de largeur sur trois pouces de profondeur, et les carreaux appareillés pour remplir ces entailles qui commenceront à dix pouces du parement extérieur, faisant, outre la fonction des crampons, celle d'empêcher l'eau de pénétrer jusqu'au corps du mur. Tous les joints doivent être bien quarrés jusqu'au bout et être très serrés, posés à sec, coulés et fichés avec du mortier composé d'un tiers de la meilleure chaux et deux tiers de ciment de brique pilée et passée au tamis, et délayé avec peu d'eau douce; les joints extérieurs seront remplis jusqu'à un pouce de profondeur avec du mastic composé de brique pilée, poix, résine et cire; le parement intérieur dudit mur d'enceinte sera construit en carreaux et boutisses de pierre de la carrière de Saint-Mesme, semblable à celle qu'on

14

a employée jusqu'à présent : ces carreaux auront deux pieds neuf pouces à trois pieds de longueur de parement, sur quinze pouces de lit au moins, et les boutisses de vingt-un pouces à deux pieds de parement sur, au moins, deux pieds trois pouces, le tout appareillé à la hauteur des assises actuellement en place, parfaitement joint, coulé et fiché en mortier de chaux et ciment comme dessus.

Le remplissage entre les parements intérieur ou extérieur sera fait en moellon provenant des anciennes pierres de démolition, qui seront estimées ne pouvoir plus servir aux façades, et si elles ne suffisaient pas, on n'y emploiera que du moellon très dur et posé à bain de mortier composé d'un tiers de la meilleure chaux et deux tiers de sable de ravine le plus maigre possible.

Le recouvrement dudit mur d'enceinte sera construit en pierre de Beguey, comme dessus, appareillé conformément au plan cy-joint, de sorte qu'il se trouve une pierre par point de dix-huit pouces de large au moins, alternativement entre deux pierres de chacune trois pieds de parement et faisant ensemble l'épaisseur du parpaing du mur, qui est de six pieds quatre pouces : ces pierres auront un pied d'épaisseur et feront parement intérieur et extérieur, les joints en seront parfaitement quarrés et très serrés, le tout fiché et coulé en mortier de chaux et ciment, comme dessus, et tous les joints extrêmement remplys en masticq composé comme il est cy-dessus expliqué.

Le pavé de la cour, entre le susdit mur et la tour, sera aussi construit en pierre de Beguey, appareillé sur des courbes parallèles à celles de la tour et du mur d'enceinte, conformément au plan cy-joint, sans avoir égard au pavé déjà posé, chacun des pavés aura au moins deux pieds neuf pouces de long, sur deux pieds de large et neuf pouces d'épaisseur ; les joints en seront parfaitement quarrés et serrés, le tout sera posé sur un bain de mortier de chaux et ciment, comme dessus, et coulé et fiché avec le même mortier, qui servira aussi à recouvrir les joints, observant dans la pose les pentes et les canaux nécessaires à l'écoulement des eaux.

Les pierres de démolition, soit du parement intérieur, soit du parement extérieur, qui seront jugées bonnes à pouvoir servir dans la nouvelle construction du parement intérieur, seront prises en compte par l'adjudicataire, sur le pied de vingt sols le pied cube, et lui seront déduites sur le prix de ses ouvrages.

Le fer et le plomb, provenant du parement extérieur du mur d'enceinte, seront mis dans un magazin, et le pavé, qu'on otera de la cour, sera rangé dans un coin de ladite cour.

L'adjudicataire sera tenu de se fournir de voiturer par mer et par terre, cordages et outils, et sera chargé des salaires d'ouvriers et généralement de tout ce qui sera nécessaire à la construction et perfection desdits ouvrages, et rendre place nette. Il donnera bonne et suffisante caution pour l'exécution du devis cy-dessus, et répondra de ses ouvrages pendant an et jour, et sera payé à la toise superficielle de pierre de taille du parement intérieur et extérieur, compris le remplissage, ainsi que du recouvrement dudit mur d'enceinte et du pavé de la cour; il est deffendu aux ouvriers et autres personnes de voler ny détourner aucuns plombs ny crampons, sous peine de punition telle que de droit.

Nous avons fait mettre des affiches dans tous les lieux accoutumés de la présente ville de Bordeaux et dans les différentes villes et paroisses du département, même à Royan, contenant qu'il sera devant nous procédé aujourd'huy, à huit heures du matin, en l'hôtel de la marine, sictué place de Tourny, paroisse Saint-Surin, à l'adjudication au rabais des ouvrages à faire, à la toise superficielle de pierre, au mur d'enceinte de la tour de Cordouan et pavé de la cour, aux conditions cy-dessus expliquées, et que ledit plan et devis sera donné en communication à ceux qui voudront entreprendre lesdits ouvrages, et le payement desdits ouvrages ne sera fait qu'aprez qu'ils auront été vérifiés et reçus par un ingénieur, qui sera nommé à cet effet par nous.

D'AUBENTON.

Et à l'instant s'est présenté Jean Castaing, entrepreneur-architecte de cette ville, y demeurant hors la porte Sainte-Eulalie, paroisse Sainte-Eulalie, lequel, après avoir pris communication des devis et plans desdits ouvrages à faire au mur d'enceinte de la tour de Cordouan et au pavé de la cour, offre de les faire, scavoir :

Le parement extérieur du mur d'enceinte, pour la somme de trois cents livres la toise superficielle; le parement intérieur pour la somme de cent quatre-vingt-dix livres, aussi la toise superficielle, et le recouvrement pour la somme de cent soixante-dix livres la toise courante, et le pavé de la cour, pour la somme de cent cinquante livres aussi la toise superficielle, et aux conditions cy-dessus expliquées.

Castaing.

Et par le sieur Etienne Pallière, maître serrurier de cette ville, y demeurant rue du Loup, paroisse Saint-Siméon, à la somme de deux cent cinquante livres la toise superficielle du parement extérieur dudit mur d'enceinte, et cent soixante livres la toise superficielle du parement intérieur, et cent cinquante-cinq livres la toise courante du recouvrement, et à cent quarante livres aussi la toise superficielle du pavé de la cour de ladite tour de Cordouan, et aux conditions cy-dessus expliquées.

Pallière.

Et par le sieur Joseph-Antoine Dardan aîné, architecte de cette ville, y demeurant, rue Corbin, paroisse Saint-Remy, à la somme de deux cent trente livres la toise superficielle du parement extérieur dudit mur, compris le remplissage; la somme de cent cinquante-une livres la toise superficielle du parement intérieur, et cent quarante-neuf livres la toise courante du recouvrement, et à quatre-vingts livres aussi la toise superficielle du pavé de la cour de ladite tour, et aux conditions cy-dessus expliquées.

Dardan aîné.

Nous, commissaire général de la marine, ordonnateur, attendu que les offres cy-dessus faites ne sont pas portées à leur juste valeur, avons renvoyé ladite adjudication au samedy vingt-un octobre prochain.

Fait à Bordeaux, en l'hôtel de la marine, lesdits jour et an susdits.

D'Aubenton.

Et, avenant le vingt-un octobre, jour auquel ladite adjudication a été renvoyée, s'est présenté le sieur Claude Tardy, maître architecte de cette ville, y demeurant rue Royale, aux Chartrons, lequel, après avoir pris communication des devis et plans desdits ouvrages à faire au mur d'enceinte de la tour de Cordouan et au pavé de la cour de ladite tour, offre de les faire, scavoir :

Le parement extérieur dudit mur d'enceinte et remplissage pour la somme de deux cent vingt livres la toise superficielle; le parement de l'intérieur, pour la somme de cent cinquante livres, aussy la toise superficielle, et le recouvrement dudit mur pour la somme de cent quarante-huit livres la toise courante, et le pavé de la cour pour la somme de soixante-quinze livres, aussi la toise superficielle, et aux conditions cy-dessus expliquées.   TARDY.

Par ledit sieur Pallière, à la somme de deux cent quinze livres la toise superficielle du parement extérieur dudit mur, compris le remplissage; la somme de cent quarante-neuf livres dix sols la toise superficielle du parement intérieur dudit mur, et à cent quarante-huit livres la toise courante du recouvrement, et à la somme de soixante-dix livres la toise superficielle du pavé de la cour.   PALLIÈRE.

Par le sieur Thomas Gauteron, maître charpentier de haute futaye, demeurant rue Saint-Martin, à Saint-Surin, à la somme de deux cent dix-huit livres la toise superficielle du parement extérieur dudit mur, compris le remplissage; à la somme de cent quarante-huit livres, aussi la toise superficielle du parement intérieur dudit mur, et à cent quarante-quatre livres la toise courante du recouvrement, et à la somme de soixante-cinq livres la toise superficielle du pavé de la cour.   GAUTERON.

Par ledit sieur Dardan aîné, à la somme de deux cent cinq livres la toise superficielle du parement extérieur dudit mur, compris le remplissage; à la somme de cent quarante-sept livres, aussi la toise superficielle du parement intérieur dudit mur, et à la somme de cent quarante-deux livres la toise courante du recouvrement, et à la somme de soixante livres la toise superficielle du pavé de la cour.   DARDAN aîné.

Par ledit Castaing, à la somme de deux cents livres la toise superficielle du parement extérieur dudit mur, compris le remplissage; à la somme de cent quarante-six livres, aussi la toise superficielle du parement intérieur dudit mur, et à la somme de cent quarante-une livres la toise courante du recouvrement; à la somme de cinquante-neuf livres la toise superficielle du pavé de ladite cour.   CASTAING.

Et par ledit sieur Tardy, à la somme de cent quatre-vingt-dix-huit livres la toise superficielle du parement extérieur du mur d'enceinte ; cent quarante-cinq livres pour le parement intérieur, aussi la toise superficielle, et celle de cent quarante livres pour le recouvrement, la toise courante, et à la somme de cinquante-huit livres, la toise superficielle du pavé de la cour.

TARDY.

Nous, commissaire général de la marine, ordonnateur, attendu que les bougies que nous avions fait allumer sont éteintes et consommées, et que personne ne s'est présenté pour faire des offres au-dessous dudit Claude Tardy, luy avons adjugé et adjugeons les ouvrages à faire au mur d'enceinte de la tour de Cordouan et au pavé de la cour, scavoir : le parement extérieur dudit mur d'enceinte, compris le remplissage, pour le prix et somme de cent quatre-vingt-dix-huit livres, la toise superficielle ; le parement intérieur dudit mur, pour la somme de cent quarante-cinq livres, aussi la toise superficielle, et le recouvrement pour la somme de cent quarante livres la toise courante et le pavé de la cour pour celle de cinquante-huit livres, aussi la toise superficielle, conformément à ses offres et aux conditions cy-dessus expliquées ; et ce, pendant le temps et espace de neuf années consécutives, qui commenceront de ce jour et finiront à pareil jour de l'année mil sept cent soixante-dix-huit, sauf, si dans les vingt-quatre heures, pour satisfaire à l'ordonnance, il se présente des enchérisseurs qui fassent des offres au-dessous dudit Tardy, ils seront reçus et les enchères au rabais réouvertes, et, le delay passé, ladite adjudication en demeurera audit Tardy, à la charge par luy de s'approvisionner de pierres, chaux et ciment, à l'avance, et ne pourra commencer lesdits ouvrages quelconques, nous luy en donnerons l'ordre et donnera bonne et suffisante caution.

Fait en l'hôtel de la Marine, lesdits jour et an que dessus.

(Signé :) D'AUBENTON.

Aujourd'huy, vingt-quatrième octobre mil sept cent soixante-neuf, s'est présenté devant nous, commissaire général de la marine, ordonnateur, en l'hôtel de la marine à Bordeaux, le sieur Martin Cardon, négociant rue Borie, aux Chartrons, habitant de la paroisse Saint-Remy, lequel a déclaré se rendre caution envers le Roy, pour le sieur Claude Tardy, aux fins des ouvrages à faire au mur d'enceinte de la tour de Cordouan et au pavé de la cour, conformément au plan et devis qui luy en a été fourny et aux conditions et obligations expliquées dans le présent procès-verbal, dont l'adjudication en a été faite audit Tardy pendant le temps et espace de neuf années, scavoir : pour le parement extérieur. dudit mur, pour la somme de cent quatre-vingt-dix-huit livres la toise superficielle; le parement intérieur, pour celle de cent quarante-cinq livres, aussi la toise superficielle, et la somme de cent quarante livres pour le recouvrement, la toise courante, et le pavé de la cour pour celle de cinquante-huit livres, aussi la toise superficielle : à la charge d'être toujours approvisionné à l'avance des pierres, chaux et ciment nécessaires pour commencer lesdits ouvrages, lorsqu'il luy sera ordonné, comme aussi d'être garant et responsable de tous les acomptes qui pourront être payés en forme d'avance audit Tardy, adjudicataire. Et pour l'exécution de tout ce dessus, ils ont obligé solidairement, tout ce vu, chacun leurs biens, meubles et immeubles présens et avenir, et par exprès leurs personnes qu'ils ont soumises à la rigueur des ordonnances, s'agissant des propres affaires de Sa Majesté.

Fait à Bordeaux, en l'hôtel de la Marine, les jour et an susdits.

(Signé :) Martin CARDON, TARDY.

ADJUDICATION du bois nécessaire à l'entretien des feux de la tour de Cordouan.

Octobre 1769.

Archives de la Marine, dépôt du Magasin des vivres de Bacalan. Original sur fort papier.

Adjudication au rabais de la fourniture à faire l'année prochaine, 1770, de la quantité de tonneaux de bois de chesne nécessaire pour les feux de la tour de Cordouan.

Aujourd'huy, vingtième octobre mil sept cent soixante-neuf, nous, François-Ambroise d'Aubenton, conseiller du Roy en ses conseils, commissaire général de la marine, ordonnateur au département de Bordeaux

et Bayonne, en consequence de l'arrest du Conseil du onzième décembre
mil sept cent soixante-huit, et des ordres à nous adressés, étant essentiel de pourvoir, à bonne heure et dans le beau tems, le magazin de
la tour de Cordouan, de la quantité de bois de tonneau nécessaire l'année
prochaine, 1770, pour la chaudière et chauffage des gardiens et les feux
de la tour, nous avons jugé indispensable de faire faire cette fourniture
par adjudication au rabais, et pour cet effet nous avons fait mettre des
affiches aux lieux accoutumés de cette ville et dans les différentes villes
et paroisses de ce département, et même à Royan, pour avertir le publicq
qu'il sera procédé aujourd'huy devant nous, à huit heures du matin,
en l'hôtel de la marine sictué à la place de Tourny, paroisse Saint-Surin,
à l'adjudication au rabais de la fourniture à faire, l'année prochaine, de la
quantité de tonneaux de bon bois de chesne sec, nécessaire pour les feux
de la tour, rendu à Royan dans le magazin de la tour de Cordouan, sur
la demande qui en sera faite à l'adjudicataire, trois mois à l'avance, et le
payement luy en sera fait sur le certificat de monsieur Correnson, sous-
commissaire de la marine à Royan, qui attestera le tonnelage et la
réception.   D'AUBENTON.

Et à l'instant s'est présenté le nommé Thomas Gauteron, maître charpentier de haute futaye, demeurant en cette ville, rue Saint-Martin,
paroisse Saint-Surin, lequel offre de fournir la quantité nécessaire de
tonneaux de bois de chesne rendu à Royan, l'année prochaine, sous les
conditions cy-dessus expliquées, pour la somme de quarante livres par
tonneau de bois de chesne.   GAUTERON.

Nous, commissaire général de la marine, ordonnateur, attendu que les
offres cy-dessus faites ne sont pas portées à leur juste valeur, avons
renvoyé ladite adjudication au samedy vingt-un octobre prochain.

Fait à Bordeaux, en l'hôtel de la marine, lesdits jour et an susdits.
                                                             D'AUBENTON.

Et avenant le vingt-un octobre, jour auquel ladite adjudication a été
renvoyée, s'est présenté le sieur Claude Tardy, maître architecte de cette
ville, y demeurant rue Royale, aux Chartrons, lequel offre de fournir la
quantité de tonneaux de bois de chesne, rendu dans les magazins de

Royan, l'année prochaine, sous les conditions cy-dessus expliquées, pour la somme de trente-huit livres par tonneau de bois de chesne.

TARDY.

Par le sieur Dardan aîné, architecte de cette ville, y demeurant rue Corbin, paroisse Saint-Rémy, à la somme de trente-six livres le tonneau.

DARDAN aîné.

Par ledit sieur Tardy, à la somme de trente-quatre livres le tonneau.

TARDY.

Par ledit Gauteron, à la somme de trente-deux livres le tonneau.

GAUTERON.

Et par le sieur Tardy, à la somme de trente-une livres le tonneau.

TARDY.

Nous, commissaire général de la marine, ordonnateur, attendu que les bougies que nous avions fait allumer sont éteintes et consommées, et que personne ne s'est présenté pour faire des offres au-dessous de ceux dudit Claude Tardy, luy avons adjugé et adjugeons la fourniture à faire l'année prochaine, mil sept cent soixante-dix, du bois de tonneau de chesne sec, nécessaire pour la chaudière et chauffage des gardiens et feux de la tour de Cordouan, et dont la quantité luy sera demandée trois mois à l'avance, pour le prix et somme de trente-une livres le tonneau, rendu dans les magazins de la tour, à Royan; et le payement luy en sera fait sur nos ordonnances, en rapportant le certificat de monsieur de Correnson, sous-commissaire de la marine à Royan, du tonnelage et réception dudit bois et aux conditions cy-dessus expliquées, sauf, si dans les vingt-quatre heures, pour satisfaire à l'ordonnance, il se présente quelqu'un qui fasse des offres au-dessous dudit Claude Tardy. Ils seront reçus et les enchères au rabais réouvertes et, le delay passé, ladite adjudication en demeurera audit Tardy, à la charge de donner bonne et suffisante caution.

Fait à Bordeaux, en l'hôtel de la marine, lesdits jour et an susdits.

D'AUBENTON.

Aujourd'huy, vingt-quatrième octobre mil sept cent soixante-neuf, s'est présenté devant nous, commissaire général de la marine, ordonnateur, en l'hôtel de la marine à Bordeaux, le sieur Martin Cardon, négo-

15

ciant, demeurant aux Chartrons, rue Borie, paroisse Saint-Rémy, lequel
a déclaré se rendre caution, envers le Roy, pour ledit Claude Tardy, adjudicataire de la fourniture du bois de tonneau nécessaire l'année prochaine,
mil sept cent soixante-dix, pour la chaudière et chauffage des gardiens et
feux de la tour de Cordouan, à raison de trente-une livres le tonneau de
bois de chesne sec, rendu dans les magazins de ladite tour, à Royan,
après y avoir été tonnelé; et d'en rapporter le certificat de réception de
M. de Correnson, sous-commissaire de la marine audit lieu de Royan,
comme aussi d'être garant et responsable que ladite fourniture soit
exactement faite de la quantité qui en sera demandée audit Claude Tardy,
adjudicataire, trois mois à l'avance, et pour l'exécution de tout ci-dessus,
ils ont, lesdits sieurs Martin Cardon et Tardy, obligé solidairement, tout ce
vu, chacun leurs biens, meubles et immeubles présents et avenir et, par
exprès, leurs personnes qu'ils ont soumises à la rigueur des ordonnances,
s'agissant des propres affaires de Sa Majesté.

Fait à Bordeaux, en l'hôtel de la marine, lesdits jour et an susdits.

(Signé :) Martin CARDON, TARDY.

---

14 Mars 1770.   **CONSTRUCTION des tours du Chay et de Saint-Palais.**

Archives de la Marine, dépôt du Magasin des vivres de Bacalan, original sur fort papier.

---

*Soumission pour construire deux tours en pierre de taille; l'une au lieu
appelé le Chai, près de Royan, et l'autre à Saint-Palais, de quatre-
vingts pieds de haut chacune, et les logements des gardiens.*

Je soussigné, Claude Tardy, maitre architecte de cette ville y demeurant
aux Chartrons, rue Royale, paroisse Saint-Rémy, me soumets et m'oblige
envers le Roy, ce acceptant monsieur d'Aubenton, écuyer, conseiller du
Roy en ses conseils, commissaire général de la marine ordonnateur au
département de Bordeaux et Bayonne, de construire deux tours en pierre
de taille, de quatre-vingt pieds de haut chacune, et les logements des
gardiens; l'une, au lieu appelé au Chai, près de Royan, et l'autre à Saint-

Palais, à la place de deux tours en bois qu'on devoit y établir, en conséquence de l'arrêt du Conseil du onzième décembre, mil sept cent soixante-huit, et ce, conformément au plan qui m'a été remis et au devis détaillé cy-après, savoir : lesdits quatre-vingt pieds de hauteur, à prendre au dessus du terrein naturel, au dessus de l'assise du recouvrement. Elles seront fondées sur un massif de maçonnerie, de quatre pieds de hauteur et de dix-sept pieds en quarré à la base, réduit à quatorze pieds et demi au niveau du terrein ; sur ce massif sera établi un soubassement en pierre de taille, de douze pieds et demi en quarré, observant au milieu le vuide de l'escalier, de cinq pieds six pouces de diamètre, et laissant au soubassement un socle de deux pieds de haut sur deux pouces et demi de saillie. Sur ce soubassement commencera la tour qui aura onze pieds de diamètre extérieur jusqu'au tiers de la hauteur, réduit en haut à neuf pieds six pouces.

Le diamètre intérieur sera continué de cinq pieds six pouces, depuis le bas jusques en haut.

Le mur aura, jusqu'au tiers de la hauteur, deux pieds neuf pouces d'épaisseur et sera réduit en haut à deux pieds ; on observera de laisser à la base un socle de deux pieds de hauteur sur trois pouces de retraite ; le haut sera couronné d'un chapiteau quarré excédant de quatre pouces le mur de la tour. Le vuide de la tour sera recouvert de dales d'un pied d'épaisseur, parfaitement jointes entr'elles et avec le mur circulaire, observant de leur donner dans leur longueur quatre pouces de pente de chaque côté du centre et laissant une ouverture de dix-huit pouces en quarré.

Tous les murs circulaires seront en pierres de taille douce, une par paire, alternativement avec deux carreaux faisant l'épaisseur du mur, au haut de chacune desdites tours, seront placés deux mats de pavillon de vingt-quatre pieds de haut sur six à sept pouces de diamètre ; ces mats seront retenus chacun par deux anneaux de fer de trois pouces de large et d'un demi pouce d'épaisseur ; le diamètre intérieur des anneaux sera de sept pouces ceux de haut, et de cinq pouces et demi ceux d'embas, et la longueur des branches pour les retenir dans le mur sera de dix-huit pouces. Sur le chapiteau du recouvrement il sera posé une balustrade en fer de neuf pieds en quarré, sur trente-six pieds de tour, sur deux pieds neuf pouces de hauteur; les barreaux auront neuf lignes en quarré et seront distancés les uns des autres de huit pouces de milieu en milieu. Dessus et dessous lesdits barreaux dans toute la longueur de la balustrade, il sera posé une platte bande de fer d'un pouce et demi de large, sur un demi pouce d'épaisseur, dans laquelle seront assemblés les barreaux à tenons et mortoises. La trape, qui recouvrira l'ouverture du recouvrement, sera de bois de chesne d'un pouce et demi d'épaisseur, sur deux pieds en quarré, ferrée de deux pentures et gonds du poids de neuf livres. L'escalier sera à noyeau composé de cent quarante-trois marches de chacune de trois pieds de longueur, sur sept pouces de hauteur; chacune de ces marches portera le noyeau de six pouces de diamètre et sera portée de trois pouces dans le mur; ces marches seront délardées par dessous, le haut de l'escalier sera terminé par un pallier de deux pieds de large au milieu et un garde corps de deux pieds et demy de haut sur six pouces d'épaisseur.

La porte d'entrée de la tour sera en bois de chesne de deux pieds huit pouces de large, sur cinq pieds neuf pouces de hauteur et un pouce et demi d'épaisseur; elle sera ferrée de deux pentures et gonds du poids de quinze livres et d'une serrure de fer de dix pouces de longueur.

A costé et à l'est de chacune de ces tours, il sera fait et appuyé au soubassement une loge de gardien, de dix pieds de long sur onze pieds de large, hors œuvre; cette loge sera fondée à deux pieds de profondeur, les murs en fondation auront deux pieds d'épaisseur et seront construits en moelon et mortier de chaux et sable, les murs en élévation auront dix-huit pouces d'épaisseur et seront construits en pierre de taille par pairre; la hauteur de ces murs, y compris la plainte, sera de sept pieds au dessus du terrain naturel. Ces murs seront couronnés d'une plainte d'un pied de hauteur et deux pouces de saillie; dans le milieu du mur paralelle ou soubassement, il sera fait une cheminée en pierre de taille de trois pieds de largeur dans œuvre, élevée au dessus des plaintes de quatre pieds et demi et couronnée d'une plainte. La charpente sera composée de deux arretiers dans lesquels seront assemblés les chevrons, deux entraits et deux liens, le tout de huit pouces en quarré; les chevrons auront quatre pouces en quarré et seront d'une part assemblés avec les arretiers, et d'autre part, retenus en patte dans des sablières de huit pouces en quarré posées sur les murs : le tout en bois de chêne bien équarré, sans aubies n'y givelure, n'y nœuds vicieux. La couverture sera de tuile creuse posée sur des lattes feuilles de peuplier, clouée sur les chevrons avec deux cloux sur chaque chevron et la latte feuille jointive. La porte d'entrée de la loge sera de bois de chêne semblable à celle de la tour, et la croisée sera fermée d'un contrevent serré de deux pentures et gonds et un verrouil, le tout pesant dix livres. Ce contrevent sera de bois de chêne d'un pouce d'épaisseur, et deux pieds en quarré.

Tous les ouvrages susdits seront parfaitement exécutés, les massifs de fondation seront faits avec le moelon le plus dur et le plus gros possible, parfaitement liés avec du mortier composé d'un tiers de chaux et deux tiers de sable, la meilleure possible, la pierre sera parfaitement appareillée sans _____, posée, coulée et fichée avec du mortier comme dessus ; cette pierre sera prise, sçavoir : pour la tour scituée au lieu du Chai, dans une carrière auprès, sur le bord de la mer, et pour la tour située à Saint-Palais, dans une carrière auprès du port de Saint-Palais. Les marches de l'une et de l'autre de ces tours seront de pierres de carrière de Saint-Palais ; la tuile sera bien cuitte et bien posée et les ravalements très bien faits, en mortier comme dessus.

La balustrade sera scelée en plomb dans le recouvrement, de trois en trois barreaux qui entreront de huit pouces dans le recouvrement ; enfin je me conformerai auxdits plans, coupes et élévation qui m'ont été fournis et ce pour le prix et somme de six mille livres pour chaque tour et logement du gardien, et, pour les deux, celle de douze mille livres, laquelle me sera payée après que lesdits ouvrages auront été visités et reçus par les officiers et ingénieurs préposés par monsieur d'Aubenton ; et pour la sureté de la présente soumission, qui n'aura son effet et exécution qu'après avoir été vue et approuvée par monseigneur le duc de Praslin, ministre et secrétaire d'estat, ayant le département de la marine, j'ai obligé et oblige tous mes biens présens et à venir, et par exprès ma personne, aux rigueurs des ordonnances, comme s'agissant des propres affaires de Sa Majesté.

Fait à Bordeaux, en l'hôtel de la marine, le quatorzième mars mil sept cent soixante-dix.

Vu et approuvé :

LE DUC DE PRASLIN, D'AUBENTON, TARDY.

Septembre 1770. **INDEMNITÉ** accordée à l'entrepreneur des travaux de la tour de Cordouan.

Archives de la Marine, dépôt du Magasin des vivres de Bacalan, original sur fort papier.

Dédommagement à accorder à l'entrepreneur pour les avaries occasionnées à ses travaux par la mer.

Au huit de septembre 1770, l'entrepreneur de la tour de Cordouan, chargé de refaire à neuf une partie du parement extérieur du mur d'enceinte de cette tour, en avoit fait de cinq toises à cinq toises trois pieds de long, sur vingt-six pieds neuf pouces de hauteur, plus une autre partie de même longueur que dessus, sur neuf pieds de haut; ces deux parties ensemble faisant 33 toises trois pieds superficiels. Ce même jour, 8 septembre, et les suivants jusqu'au 19, la mer lui a démoli 19 toises cinq pieds superficiels de cet ouvrage, et depuis ce jour, 8 septembre, jusqu'au 8 octobre audit an, il a employé d'abord 18, ensuite 24 ouvriers à rétablir ces 33 toises trois pieds, dont il a fait cramponner partie avec les anciens crampons. Tout ce temps de ses ouvriers a été pour lui en pure perte, puisqu'au 8 octobre il n'avoit pas plus d'ouvrage fait qu'il n'en avoit au 8 de septembre; il a aussi perdu, dans la chûte des pierres, quelqu'unes de ces pierres; enfin il a perdu la chaux et le ciment de la première construction.

Pour ces pertes, il paroit juste d'accorder un dédommagement, et ce dédommagement doit consister dans le prix des ouvriers employés à refaire ce que la mer a démoli, dans l'estimation du déchet de la pierre que la chute a dû occasionner, enfin dans le prix de la chaux et du ciment de la première construction : cela bien estimé, le dédommagement ne peut être que complet. Ce sera en vain que l'entrepreneur répétera le tems employé à cramponner, à piler le ciment et à relever 3 ou 4 fois des parties du même ouvrage; tout cela se trouvera compris dans cette estimation, puisqu'il n'y a et ne peut y avoir eu d'employés à tout cet ouvrage que ces 18 ou 24 hommes, et qu'au 8 octobre, la quantité de toises susdite étoit faite; sans compter que pendant ce tems ces mêmes ouvriers (lorsqu'ils ne pouvoient pas travailler au parement extérieur) s'étoient occupés au parement intérieur dont ils avoient déjà fait une grande partie.

Cecy établi, reste à faire les estimations susdites, comme il y a eu plus longtems 24 ouvriers que 18, on peut les compter pendant tout le tems au nombre de 22, ce qui, pendant 30 jours, fait 660 journées. Ces ouvriers ont été payés les uns à 20 sols, d'autres à 30 sols, d'autres à 35 sols, et peuvent être mis au prix de 30 sols, qui leur sera commun. Ils ont de plus été tous nourris par l'entrepreneur, et cette dépense, à la rigueur, ne peut pas être estimée au delà de 30 sols, ce qui fait 3 livres par jour pour chaque ouvrier, et pour 660 journées la somme de 1,980 l. » s. » d.

Il entre, à la toise de chaque parement extérieur, 78 pieds cubes de pierre et 19 toises 5 pieds de démolition; il a dû en entrer 1,547 pieds dont, au pis aller, le sixième a pu devenir et peut être regardé comme déchet, ce sixième sera 258 pieds qui, à 24 sols le pied, font . . . . 309 12 »

Il entre par toise trois quarts de barrique de chaux et, dans 19 toises 5 pieds, 15 barriques qui, à 12 livres la barrique, font . . . . 180 » »

Il entre à la toise 2 barriques 1/4 de ciment, et dans les 19 toises 5 pieds, 15 barriques qui, à 12 livres, font . . . . 540 » »

TOTAL . . . . 3,009 l. 12 s. » d.

Si, comme le dit l'entrepreneur, la mer avoit jetté trois ou quatre fois le même ouvrage à terre, si ses ouvriers avoient constamment été occupés, depuis le 8 septembre jusqu'au 8 octobre, à relever ces ouvrages et n'eussent pas fait autre chose, la chaux et le ciment ne seroient pas icy suffisamment estimés; mais la mer a seulement enlevé quelques pierres, de tems en tems, et l'entrepreneur a fait faire, comme il a été cy-dessus dit, une bonne partie du parement intérieur, dont la taille et la pose devroient luy être déduites sur le prix des journées de ses ouvriers; cette déduction n'a point été faite, elle passe en compensation des menues dégradations et déchets faits pendant ce tems et dont à la rigueur on ne devroit point tenir compte à l'entrepreneur, tant parce qu'il n'avoit fait que la moitié de son ouvrage, dans le tems où le tout devoit être fait,

que parce qu'il luy a été passé, dans son adjudication, des prix en conséquence des accidents qui peuvent arriver dans l'exécution; par la même
raison on n'estimera point icy le tems perdu depuis à attendre le beau
temps, et quelque peu de mortier mis dans les gros tems pour empêcher
la mer de laver le derrière de la dernière assise qui se trouvoit posée lors
du montant. On n'estimera point non plus le ciment qui s'y est employé,
ce ciment a été tiré des tuiles du magazin, qui seront estimées dans les
réparations faites à la couverture de ce magazin, et le tems qu'il a fallu
pour piler ce ciment est compris dans les journées cy-dessus estimées.
A la rigueur, bien loin que l'on dût payer ce ciment à l'entrepreneur, il
devroit luy-même tenir compte des tuiles qu'il a mises en ciment, s'il avoit
été bien approvisionné, il n'auroit pas été obligé d'y avoir recours, et,
dans des ouvrages de cette espèce, il convient que l'entrepreneur eut de
quoi parer à tout événement.

On n'a compté icy que 30 jours en pure perte pour l'entrepreneur,
scavoir, le tems pendant lequel la mer luy enleva l'ouvrage qu'il avoit
fait, et dit avoir été depuis pendant 28 jours, en deux fois, sans travailler.
Il paroit icy au moins une très grande erreur, car depuis le 8 octobre
jusqu'au 10 novembre, temps auquel les travaux ont été finis, il n'y a
que 32 jours; il n'avoit au 8 octobre que 19 toises 5 pieds de parement
extérieur fait, et au 10 novembre, il avoit fait 57 toises 1 pied, ce qui fait
de plus 37 toises 2 pieds, qui n'ont surement pas été faits en quatre
jours; de plus, le recouvrement s'est fait pendant ce temps, ainsi que le
mur intérieur en partie et toute la couverture en tuile.

(Signé :) TOUFAIRE.

NOTA. — L'entrepreneur dit avoir été la première fois 21 jours sans
travailler, la seconde 17 jours et la troisième 11 jours, ce qui fait en tout
49 jours, et on luy a payé 30, de sorte qu'il ne reste que dix-neuf jours.

PROCÈS-VERBAL de la visite faite par l'ingénieur Toufaire à la tour de Cordouan et à celles des côtes de Saintonge et de Médoc.   11 Juillet 1773.

Archives de la Marine, dépôt du Magasin des vivres de Bacalan, original sur fort papier.

Tour de Cordouan.

ARTICLE 1er.

Les joints refaits en 1772 à la partie du mur d'enceinte, reconstruite par l'entrepreneur Tardy, en 1771, ont en majeure partie résisté; il n'y a eu de dégradations qu'aux plus grands joints et aux plus grands défauts de pierre; mais ce peu doit être réparé pour prévenir de plus grandes dégradations à l'avenir, le restant de cette enceinte paroît n'avoir besoin d'aucune réparation urgente dans le cours de cette année; mais il y a tout lieu de croire qu'en 1774, on ne pourra se dispenser de refaire à neuf une partie de cette enceinte tenant à la partie faite à neuf en 1771, et tendant du sud à l'ouest.

ART. 2me.

Quelque soin que l'on apporte à la réparation de la couverture des magasins à charbon, cuisine, forge, etc., leur exposition au plus mauvais temps rend toujours ces précautions inutiles; ces toits sont si souvent battus de la mer qu'il y pleut continuellement, ce qui pourrit les charpentes et occasionne des frais annuels très considérables. Il seroit à désirer que ces magasins fussent placés au nord de l'enceinte, où ils seroient moins exposés à la mer, et qu'ils fussent reconstruits assez solidement pour recevoir une couverture en dalles de pierre. La mauvaise qualité des murs des magasins actuels fait croire que l'on ne peut longtems retarder cette nouvelle construction, pour laquelle on fournira les plans et détails nécessaires.

ART. 3me.

Les gardiens de la tour, souvent mouillés en hiver pendant leur service, entretiennent continuellement un grand feu dans la salle basse de la tour pour se réchauffer et se sécher; cela leur consume une très grande quantité de bois. Ils desireroient avoir un poêle, qui leur tiendroit lieu de ce feu et économiseroit beaucoup de bois.

Etablissements sur les côtes de Saintonge et de Médoc.

Art. 4me.

Les tours en bois établies sur ces côtes sont peintes en entier et en bon état, seulement on a enlevé quelqu'unes des ferrures de celles de la côte de Saintonge ; ce qui ne seroit probablement pas arrivé si l'inspecteur de la tour les avoit visitées de tems en tems. Il paroît nécessaire qu'à l'avenir il y fasse régulièrement au moins une visite ou deux par mois pour prevenir de plus grandes dégradations.

Art. 5me.
Tour en pierre de Saint-Palais.

Cette tour est finie ; il ne reste plus à y poser que deux des colliers qui doivent recevoir des mâts ; ces colliers et ces mâts sont dans le magasin de Royan.

Art. 6me.
Clocher de Saint-Palais.

Ce clocher est en bon état, mais, pour en conserver les bois, il paraît qu'il sera nécessaire de les peindre en 1774.

Art. 7me.
Tour en pierre au lieu dit le Chay.

Même observation que celle de Saint-Palais ; de plus, la balustrade d'appui au haut de cette tour, qui devoit être changée à raison de la petitesse des fers, ne l'a pas été encore.

Fait par nous, préposé à la visite des ouvrages à faire à la tour de Cordouan. A Bordeaux, le 11 juillet 1773.

(Signé :) TOUFAIRE.

ÉTAT des réparations à faire à la tour de Cordouan, dans le courant de l'année 1773.　　　　　11 Juillet 1773.

Archives de la Marine, dépôt du Magasin des vivres de Bacalan, original sur fort papier, en entier de la main de l'ingénieur Toufaire.

ARTICLE 1er.

Pour soutenir les côtés du foyer du fanal, il sera fait et fourni huit barres de fer de chacune 3 pieds 1 pouce de longueur, sur 3 pouces de grosseur sur un seur et 2 pouces 6 lignes sur l'autre, dans 2 pieds 3 pouces de longueur au milieu, et les deux bouts, d'un pouce de grosseur sur un seur et 8 lignes sur l'autre, lesdits bouts percés de chacun une mortaise pour recevoir une clavette, ainsi qu'il se voit au plan ci-joint.

ART. 2me.

Pour le service du feu du fanal, il sera fourni une pelle de fer de cinq pieds de longueur, ayant 4 pieds de longueur de manche sur 8 lignes de diamètre, et un pied de longueur de pelle sur 8 pouces de largeur, non compris les côtés, qui seront relevés de 6 lignes chacun, le fer de cette pelle aura deux lignes d'épaisseur.

ART. 3me.

Les joints des croisées de la tour au sud et à l'ouest, à la seconde galerie, seront refaits en mortier de chaux et sable.

ART. 4me.

A la porte qui donne de la chambre du Roi sur la première galerie, il sera posé un loquet pour pouvoir tenir cette porte fermée; le mantonnet y est; et à l'une des portes qui conduit de la galerie couverte à la galerie decouverte, les joints dégradés seront refaits en mortier de chaux et sable.

ART. 5me.

A l'escalier de la tour, douze des plate-bandes de fer posées sur le devant des marches seront garnies par dessous en brique et plâtre.

ART. 6me.

Au rez-de-chaussée de la tour et au bas d'une des portes des citernes il sera placé une planche de bois de chêne de deux pieds un pouce de long, sur de 10 à 11 pouces de hauteur ou largeur et 15 lignes d'épaisseur, clouée sur les anciennes planches avec de fort clous rivés.

Art. 7me.

A la porte de la cave il sera fait et posé une serrure de fer de quatre pouces 6 lignes en quarré à bosse et à verroux.

Art. 8me.

Vis-à-vis un des magasins à charbon, il sera fait une partie de pavé de 6 pieds de largeur, réduite sur toute la largeur de la cour; ce pavé sera de pierre de Beguey, aura les dimensions portées pour l'adjudication et sera taillé et posé conformément à ce qu'il est dit pour cette même adjudication.

Art. 9me.

Pour fermer les portes des ponts, il sera placé sur chacune un verrou de 8 pouces de longueur en vieux fer reforgé à cet effet.

Art. 10me.

La mer ayant emporté partie du mur d'échifre de l'escalier qui conduit sur le parapet du mur d'enceinte, ce mur d'échifre sera refait dans 13 pieds 2 pouces 6 lignes de longueur (y comprenant le jambage de la porte du magasin, sous le massif servant à établir un feu de signal), sur la hauteur de 9 pieds et 2 pieds d'épaisseur jusques sous les marches, réduit à 9 pouces seulement au dessus des marches; le tout conforme à l'ancien et au plan et élévation ci-joints, on se servira pour cette reconstruction des vieilles pierres de démolition de l'enceinte, retaillées et appareillées à cet effet.

Art. 11me.

A un des crochets servant à contenir le bas de la porte de la murée, il sera fait une maille de 9 pouces de longueur, ayant d'un bout, tenant au crochet un anneau de 18 lignes de diamètre intérieur, et à l'autre bout une mortaise de 4 lignes de largeur sur 2 pouces de longueur, pour recevoir des clavettes de fer tendant à affermir la porte; le fer de cette maille sera d'un pouce sur 8 lignes, par le bout qui recevra les clavettes et de 10 lignes de diamètre à l'autre bout ; cette maille sera en tout semblable à l'ancienne.

Dans les murs d'échifre de l'escalier de cette porte, il sera fait et posé deux crampons de 21 pouces de développement, non compris les scellements dans ces murs, qui seront de six pouces à chaque bout sur deux pouces et demi en quarré, lesdits crampons conformes au plan ci-joint.

Fait par nous, préposé à la visite des ouvrages faits et à faire à la tour de Cordouan. Bordeaux, le 11 juillet 1773.

(Signé :) TOUFAIRE.

LETTRE de M. de La Grandville, commissaire général de la Marine, aux jurats de Bordeaux au sujet du feu de Cordouan.   14 Août 1782.

Archives municipales de la ville de Bordeaux, EE.

Messieurs,

J'ai l'honneur de vous prévenir que j'ai donné ordre à M. Moutarde, maître serrurier, de travailler demain, 15 de ce mois, aux différentes pièces nécessaires à l'établissement du phare de la tour de Cordouan ; étant très important pour le bien du service du Roy et du commerce que cet ouvrage s'achève le plus promptement possible.

J'ai l'honneur d'être avec respect, Messieurs, votre très humble et très obéissant serviteur.

(Signé :) DE LA GRANDVILLE.

A Bordeaux, le 14 août 1782.

PROCÈS-VERBAL des observations faites sur la portée du feu de Cordouan.   Mai 1783.

Archives départementales de la Gironde, fonds de la Chambre de commerce.

Procès-verbal de l'observation du feu en reverbères établi sur la tour de Cordouan et celui du charbon ci-devant en usage sur ladite tour.

Cejourd'hui jeudi, 8 mai mil sept cent quatre-vingt-trois, je soussigné, capitaine d'équipage des vaisseaux du Roi, d'après les instructions que m'a remises monsieur de La Grandville, commissaire général des ports et arsenaux de marine, ordonnateur aux départements de Bordeaux et Bayonne, me suis transporté au lieu appellé le Verdon, côte de Médoc, à dix heures du soir, observé et vu le feu en reverbère par un temps très beau au nord-ouest, distance de deux lieues et demie, qui m'a paru comme une étoile.

Vendredy, neuf dudit mois, à dix heures, observé et vu de Royan le feu en reverbère au ouest par un tems très clair, distance de deux lieues.

Samedy, dix, à neuf heures du soir, le temps brumeux, à la même station, même distance que le jour précédent, je n'ai point vu le feu ; à onze heures, par un tems pluvieux, observé et vu le feu très foiblement.

Nota. — Les observations ci-dessus ont été faites de terre, le tems ne m'ayant pas permis de mettre en mer.

Lundy, douze dudit mois, étant en mer, à huit heures et demie du soir, dans le nord-nord-ouest de Cordouan, par le relevé fait au soleil couchant, fond vingt-deux brasses, distance de cinq lieues de ladite tour, le tems très beau, je n'ai point vu le feu. A deux heures après minuit, distance de quatre lieues, même air de vent, je n'ai point vu le feu ; à trois heures, courant à l'est-sud-est me rapprochant de la tour, distance de trois lieues, je ne l'ai pas vu non plus. Au jour, même distance et station, j'ai vu la tour très distinctement.

Nota. — J'ai rencontré dans la nuit du lundi, distance de quatre lieues, un dogre hollandois ayant à bord le nommé Jerbeau, pilote de Royan, qui n'apercevant pas plus que moi ledit feu, prit le parti de revirer au large ; les écueils, dans la partie où j'ai fait mes observations, portant trois lieues et demie au large, il est donc très ésentiel d'apercevoir le feu au moins à quatre lieues et demie.

Vendredy, seize dudit mois, le feu de charbon fut substitué à celui en reverbères, à l'effet d'en constater la différence. Ledit jour étant en mer, à neuf heures du soir, même distance et même station que celles du lundy douze, observé et vu très distinctement ledit feu de charbon successivement depuis trois jusqu'à cinq lieues.

A Royan, 17 mai 1783.　　　　　　　　　　(Signé :) MARTIN.

Procès-verbal de l'observation du feu à reverbères établi sur la tour de Cordouan et celuy du charbon cy-devant sur ladilte tour.

Cejourd'huy jeudy, huit may mil sept cent quatre-vingt-trois, nous, soussigné, capitaine d'équipage des vaisseaux du Roy, en conséquence des instructions qui nous ont été remises par monsieur de La Grandville, commissaire général des ports et arsenaux de marine, ordonnateur aux départements de Bordeaux et Bayonne, nous nous sommes transportés, à neuf heures du soir, au Verdon, lieu situé sur la côte de Medoc, à l'embouchure de la rivière de Gironde et distant de la tour de Cordouan de deux lieues et demie, le temps étant très beau, nous avons vu le feu des reverbères au nord-ouest, qui nous a paru comme une étoile.

Le lendemain, vendredy, ayant traversé la Gironde et nous étant rendu à Royan, sur la côte de Saintonge, distant de deux lieues de ladite tour, le temps clair, nous avons vu, à dix heures, ledit feu au ouest.

Le samedy, dix du même mois, à neuf heures, à la même station de Royan, le temps étant brumeux, nous n'avons point vu le feu.

A onze heures du même jour, la brume s'étant changée en pluye, nous avons vu le feu mais très faiblement.

Nota. — Les observations cy-dessus ont été faites à terre, le vent et les vagues n'ayant pas permis de les faire à la mer.

Le dimanche, douze du même mois, à six heures et demie du soir, étant en mer, j'ai mouillé par les vingt-trois brasses d'eau, fonds de vaze gris, où j'ay relevé Cordouan à l'est-quart-nord-est, distance de quatre lieues; à minuit, le temps étant beau, n'ayant pas eu connaissance du feu, j'ay appareillé et je me suis approché de la tour d'environ une lieue et demie, où j'ay été obligé de mouiller, faute de vent, par les dix-neuf brasses d'eau, même fonds; à cette position je n'ay point vu le feu; au jour, Cordouan me restoit au nord-est, distance de deux lieues et demie.

Après cette observation de l'effet du feu des reverbères, nous avons fait substituer le feu du charbon pour en faire la comparaison.

Et le seize du même mois, à huit heures du soir, j'ay mouillé par les vingt-trois brasses, fonds de sable gris, à quatre lieües dans l'ouestquart-sud-ouest de Cordouan, d'où j'ay très bien vu le feu ; à minuit j'ay appareillé et couru au large jusques par les vingt-six brasses, mêmes fonds, et j'ay également vu le feu très distinctement dans l'est-quart-nord-est.

Fait à Royan, le dix-sept may mil sept cent quatre-vingt-trois.

(Signé :) GRAMONT.

3 Mars 1789. **RAPPORT du capitaine de la « Pourvoyeuse », de Bordeaux, sur les feux de la Baleine, de Chassiron et de Cordouan.**

Archives départementales de la Gironde, fonds de la Chambre de commerce.

Je déclare, capitaine du navire *La Pourvoyeuse*, de Bordeaux, avoir resté toutte la nuit entre les deux feux de la Balenne et celluy de Chassiron, à la distance de deux lieux et demie, et n'ay pu apercevoir lesdits feux que près de trois heures, et de même que je aurois passé la nuit du 27 au 28 à l'encre, entre les passes du grand Ban, un peu dans le sud des trois bâtiments perdeus, que je n'ay veu le feu de Courdouan que très imparfaitement, la leueur des reverbères étant obscurcie par les feumées, étant à la distense de 2 lieux et demy au pleus.

A Bordeaux, ce 3 mars 1789.

Pour copie du registre : L. FABAREL.

25 Août 1790. **LETTRE de M. Prévost de La Croix, commissaire général de la marine, au Directeur de la Chambre de commerce pour inspecter le nouveau feu à réverbères de la tour de Cordouan.**

Archives départementales de la Gironde, fonds de la Chambre de commerce, C. 4320.

Vous avez connoissance, messieurs, des travaux qui ont été faits depuis deux ans pour la perfection du phare de Cordouan. La tour, qui menaçoit ruine, a été reprise et surélevée de 60 pieds ; le feu, qui n'étoit formé que d'une masse de réverbères, peu différens de ceux ordinaires, vient d'être changé. On pose, en ce moment, de nouveaux réverbères, dont les plaques en fonte ou en cuivre ont deux pieds et demi de diamètre, et qui doivent être mues par une horloge, de façon à faire connoître facilement ce feu, à le distinguer des étoiles, ou de ceux des phares de Chassiron et des Baleines.

Comme il est important pour le commerce et la navigation de ce port de constater définitivement les avantages et désavantages de cet espèce de feu, et de pouvoir mettre le Gouvernement à même de compter sur son effet, afin d'avoir égard ou de rejeter les réclamations qui ont été faites tant de fois pour le feu de charbon minéral, j'ai cru, messieurs, devoir vous engager à nommer un ou deux de vos membres et un ou deux capitaines de navires pour venir avec moi, dimanche prochain, vingt-neuf du courant, à Royan, d'où nous nous transporterons à la tour de Cordouan, pour voir et visiter ces réverbères et la machine qui doit leur donner le mouvement, et à la mer, pour juger de leurs effets et de la distance où ils porteront la lumière.

J'ai l'honneur d'être, avec un sincère et parfait attachement, messieurs, votre très humble et très obéissant serviteur.

(Signé:) PREVOST DE LA CROIX.

A Messieurs les directeurs de la Chambre de commerce.

MISE EN PLACE de nouvelles lampes à la tour de Cordouan. 9 Juillet 1793.

Archives départementales de la Gironde, L. 861. Tour de Cordouan.

A Cordouan, le 9 juillet 1793, l'an second *(sic)* de la République française.

Citoyens Administrateurs,

J'ai fait placer les nouvelles lampes au phare de Cordouan; l'effet que j'en attendois étoit de diminuer la durée de l'obscurité et d'augmenter celle du foyer brillant, cet effet devant être indépendant des tubes de verre, dont la propriété est d'augmenter considérablement la force de la lumière, en attirant avec ardeur une plus grande quantité d'air pur, qui la fait briller, et de consummer une grande partie de la fumée qui se brûle

17

dans les tubes; je n'ai pas cru devoir attendre l'arrivée de ces tubes pour aller au large vérifier le résultat de mes calculs, je suis parti dimanche, à trois heures du soir, dans une chaloupe armée de deux pilotes, et nous sommes allés à 4, 5 et 6 lieues au large au delà de la tour, la chaleur étoit étouffante et l'air sans ressort, la mer calme, surchargée de vapeurs et l'horizon très gras. La fumée tomboit par son propre poids sur le sol de la lanterne, à ce que m'ont attesté les gardiens, qui ne pouvoient pas rester sans étouffer, fait très rare et très extraordinaire à la tour, mais qui m'a été confirmé par le maître ferblantier qui a fait et posé les lampes. Malgré cela, nous avons vu le feu dès qu'il a été allumé, et à neuf heures du soir, sur la fin du crépuscule, la chaleur de la lumière ayant donné un peu de ressort à l'air dans cette lanterne, le feu a paru bon aux yeux des pilotes Roux et Drouet, et enfin à 11 heures du soir, étant par les vingt-une brasses d'eau, distance estimée 4 lieues un tiers, il nous a paru très brillant et très vif, nous avons observé que l'obscurité totale étoit presque nulle, ayant toujours apperçu un point lumineux; que la lumière emploie à décroître et à croître 84 secondes de temps, et que le foyer fournit régulièrement 36 secondes de lumière brillante, scintillante et très vive, sur chaque deux minutes de temps; nous avons constamment reconnu le même effet jusqu'à minuit et demi, étant par 24 brasses d'eau, distance estimée 5 lieues et demie; mais à cette époque une brume d'hiver, très épaisse et très humide, nous a totalement masqué le feu jusqu'au jour et la tour jusqu'à huit heures du matin, encore ne l'avons nous apperçue à cette époque, que parce que nous nous étions approchés jusqu'à demi-lieue.

Il étoit donc impossible d'être plus contrarié dans nos observations, puisque tout concouroit à rendre nul l'effet de cette lumière; malgré cela les pilotes l'ont trouvé très bon et m'ont dit que depuis deux ans ils n'avoient pas à s'en plaindre, qu'ils le voyent bien dès qu'il paroît. Aujourd'hui qu'il paraîtra toujours, ils en seront donc très contents.

Voilà, citoyens administrateurs, la vérité; ayez la bonté d'envoyer des commissaires pris dans votre sein, de les adjoindre à celui qui sera nommé par l'ordonnateur de la marine, et de nommer en même temps des marins pour vérifier les faits et comparer ce feu avec celui du charbon; le citoyen

Ychery, capitaine, a vu cet établissement en 1790 et l'a vu mauvais. Il
sera à portée de prononcer sur la différence actuelle, mais je voudrais que
vos commissaires et les marins que vous nommerez ne partent de Bordeaux, que lorsque l'ordonnateur vous aura prévenus qu'il m'a fait passer
les tubes de verre, qui ne doivent pas tarder à arriver.

(Signé :) TEULÈRE.

PROCÈS-VERBAL de comparaison des différents feux allumés à la tour
de Cordouan.

22 Août 1793.

Archives départementales de la Gironde, L. 861. Tour de Cordouan.

Aujourd'hui, vingt-deux août mil sept cent quatre-vingt-treize, l'an
deuxième *(sic)* de la République française, nous, soussignés, Jacques Tabois,
capitaine de navires de Bordeaux, nommé par le Directoire du département de la Gironde, et Joseph Delurnis, capitaine de navires de Bordeaux,
nommé par le citoyen Sommereau, ordonnateur civil de la marine audit
lieu, pour faire la comparaison du feu de charbon minéral avec celui de
réverbères de la tour de Cordouan, nous sommes transportés, à quatre
heures du matin, à ladite tour de Cordouan, avec les citoyens Garat,
contrôleur de la marine à Bordeaux, et Teulère, directeur des travaux de
ladite tour, où nous avons trouvé en leur présence un édifice rare par sa
hardiesse et sa solidité.

Nous avons monté au fanal, où nous avons examiné les réverbères et
le mécanisme qui leur donne le mouvement, dont toutes les plaques ont
besoin d'être argentées par le défaut de tubes de verre.

Après avoir vu tout dans le meilleur ordre, nous avons recommandé
qu'il fut établi, le même soir, un feu au charbon sur le fourneau placé dans
le sud-est et sur le mur d'enceinte de ladite tour, et nous nous sommes
retirés à Royan.

Vers les neuf heures et demie du soir, nous nous sommes transportés
sur le bord de la mer, au lieu appellé « le corps de garde », d'où nous
avons vu les deux feux allumés, et, comparés l'un avec l'autre, celui de
charbon nous a paru beau et animé quoique très bas, et celui de réver-

bères nous a paru supérieur au charbon dans une colonne des plaques seulement, les deux autres colonnes lui étant bien inférieures.

A onze heures nous sommes retournés au même lieu faire une nouvelle observation, et toujours en présence des citoyens Garat et Teulère, ainsi que des citoyens Daniel Renaud et Jean Boisseau, capitaines de navires de Royan, Arnaud Berger et Urbain Le Roux, pilotes lamanneurs dudit Royan, convoqués par le citoyen Gibouin, officier des classes dudit lieu, d'après l'invitation que nous lui avions préalablement faite, qui y a aussi assisté; nos observations et celles des citoyens ci-dessus ont eu le même résultat que celles de neuf heures et demie, d'où il s'ensuit que l'établissement des réverbères actuels et le mécanisme sont on ne peut mieux imaginés; mais que, pour plus grande utilité, cette méthode d'éclairer les navigateurs ne doit être conservée que jusques à la paix, où nous estimons qu'il conviendra de rétablir le feu de charbon minéral.

En foi de quoi nous avons dressé le présent procès-verbal que les dénommés ci-dessus ont signé avec nous, à l'exception de Arnaud Berger et Urbain Le Roux, qui, ayant déclaré ne savoir, ont fait leur marque ordinaire.

A Royan, les jour, mois et an que dessus.

(Signés :) DELURNIS, J. TABOIS, † (marque ordinaire d'Arnaud BERGER, GIBOUIN, GARAT, D. RENAUD, BOISSEAU aîné.

* * *

22 Août 1793.   **PROCÈS-VERBAL** de visite de la tour de Cordouan et des établissements qui en dépendent.

Archives départementales de la Gironde, L. 861. Tour de Cordouan.

Procès-verbal de visite de la tour de Cordouan, des balises de l'embouchure de la rivière de Gironde, des magasins de la tour de Cordouan situés à Royan, et de l'aumonnerie du Verdon.

Nous soussignés, directeur des travaux des tours et balises de l'embouchure de la rivière de Gironde, et capitaines de navires à Bordeaux, en conséquence des ordres du Directoire du département de la Gironde et de l'ordonnateur de la marine à Bordeaux, nous nous sommes transportés à l'embouchure de la rivière pour constater, en présence du contrôleur de la marine à Bordeaux, l'état actuel de la tour de Cordouan et des établissements qui en dépendent :

1° Arrivés à Royan le mercredi, 24 août, nous avons visité les magasins de la tour de Cordouan, situés à Royan, nous les avons trouvés en bon état, n'ayant besoin que des légères réparations d'entretien.

2° . . . .

3° . . . .

4° Le jeudi matin, à 4 heures, nous nous sommes embarqués pour la tour avec un mauvais canot d'emprunt, celui de la barque de transport ayant été perdu dans les passes de Cordouan depuis peu de jours, nous avons reconnu qu'il convient d'avoir un canot pour le débarquement des effets à cette tour, que ce canot doit être un peu large, à varangues plates, la quille très peu saillante et recouverte d'une plaque de fer de l'avant à l'arrière, montant un pied à l'étrave et autant à l'étambot.

5° La barque, solidement construite, nous a paru avoir sa voile trop courte, et devoir être allongée d'un ris, sa mâture nous a paru placée trop de l'avant et devoir être reculée d'environ deux pieds, afin d'en faciliter le manége.

6° Arrivés à la tour de Cordouan, nous avons trouvé les ouvriers occupés à la porte d'entrée de la tour, et à la brèche que la mer avoit faite l'hiver dernier ; ce travail, presque fini, nous a paru être traité avec toute la solidité possible ; nous avons vu que les ouvriers étaient encore occupés à enfoncer des étoupes, à coups de maillets, dans tous les joints où il est possible d'en faire entrer, et qu'ils se disposaient à faire le changement de deux pierres cassées par la mer dans la partie du sud-ouest.

7° Nous avons vu, dans la partie du sud, cinquante pieds de longueur du mur d'enceinte, qui a besoin d'être refait à neuf, depuis le sol jusqu'au dessus de ce mur d'enceinte, qui a vingt-cinq pieds trois pouces de hauteur.

8° Le recouvrement de ce mur d'enceinte a également besoin d'être refait à neuf, depuis le signal de l'ouest jusqu'à la cuisine des gardiens, c'est-à-dire dans quatre-vingt-seize pieds de longueur sur six pieds de largeur et un pied d'épaisseur.

9° Les magasins couverts en cuivre, construits dans la cour du côté sud, ont besoin d'être voûtés, comme ceux de la même cour situés au nord, attendu que le cuivre ayant été désoudé et criblé partout, lors de l'exhaussement de la tour, il n'est plus possible de rien déposer, à cause que l'eau de pluie ou des lames dans le mauvais temps y pénètre partout.

10° On a commencé à refaire la chaussée, qui, du lieu de l'échouage, conduit à cette tour, et il est indispensable de continuer ce travail pour éviter que les charrettes ou binards s'écrasent et estropient les hommes.

11° Le corps de la tour est parfaitement en bon état, mais il est indispensable d'établir un paratonnerre dont le conducteur se rende dans la citerne de la cour du côté du nord.

12° L'autel de la chapelle a besoin d'être refait.

. . . .

A Bordeaux, le 25 août 1793, l'an 2ᵐᵉ *(sic)* de la République française.

(Signé :) Teulère, J. Cabars, capitaine de navires nommé par le département; Garat, Decurnil.

━━━━━•━◦○◦━•━━━━━

31 Août 1793.

LETTRE du sieur Gibouin, officier des classes à Royan, au Directeur du département du Bec-d'Ambès, relative à la suppression des bustes des rois à la tour de Cordouan.

Archives départementales de la Gironde, série L. 661.

Royan, 31 août 1793, l'an 2ᵐᵉ *(sic)* de la République française.

Gibouin, officier des classes, à Royan, au Directeur du département du Bec-d'Ambès.

Citoyen,

J'envoyai le 26 la gabarre à Cordouan chercher les ouvriers, mais les travaux n'étant point encore achevés, il fallut y en laisser 5, que je fis descendre le 28.

L'Assemblée conventionnelle ayant ordonné la suppression de toutes les effigies qui attestent la Royauté, on a effacé à la tour de Cordouan toutes

les inscriptions et légendes de ce genre, et comme il y existait cinq bustes
en marbre, on en a ôté quatre de leurs niches, dont un a été apporté ici
par le citoyen Parost, entrepreneur des ouvrages de Cordouan, et déposé
chez lui, les trois autres ont été déposés dans le cabinet de travail du
citoyen Teulère, à Cordouan, parce que les ouvriers n'eurent pas le temps
de les descendre à terre, et de les charger dans la gabarre pour les faire
transporter ici.

Il reste donc encore le cinquième dans sa niche, à l'entrée de la porte
de la salle d'en bas; mais comme ce buste est en marbre, très gros et
très élevé, et qu'il y est retenu par une forte barre de fer, qui le saisit
par devant et qui le serre de si près qu'il ne reste pas assez de prise pour
la limer, le temps ne permit pas aux ouvriers de pouvoir effectuer ce
travail, le serrurier-gardien, Jean Carré, dit Breton, coupera la barre de
fer à coup de ciseaux, et on fera descendre ce buste avec précaution, pour
le placer avec les trois autres, me proposant de faire descendre le tout à
Royan, à la maline prochaine, pour être transporté à Bordeaux et être
ensuite déposé au Muséum, ces bustes étant de superbes modèles pour les
élèves et les artistes, ainsi qu'on en a usé à Paris et ailleurs; et ce, dans
l'espérance de prévenir et remplir, à ce sujet, les intentions du département de la Gironde, qui doit seul en être dépositaire et dont je vous
prierai de me faire passer l'autorisation pour mettre ma responsabilité
à couvert.

Le service de la tour de Cordouan exigeant une correspondance suivie,
faites-moi l'honneur, citoyen, de recommander, si, comme je le pense, je
dois continuer à correspondre directement avec vous sur tous les objets
qui intéressent le service essentiel de la République, sauf à vous en référer
au département pour ceux qui vous en paraîtront susceptibles.

L'officier des classes : (Signé) GIBOUIN.

30 Novembre 1794. **DÉPENSES d'un voyage fait à la tour de Cordouan.**

Archives départementales de la Gironde, série L. 861.

Etat de dépenses de voyage fait de Bordeaux à la tour de Cordouan, côtes de Saintonge et de Médoc, pour la vérification des ouvrages faits et à faire à ladite tour, ledit voyage exécuté par le citoyen Monville, administrateur du département du Bec d'Ambès, chargé du bureau des travaux publics, le citoyen Brémontier, ingénieur en chef des ponts et chaussées, chargé par la commission des Travaux publics de la surveillance desdits ouvrages de la tour de Cordouan, et le citoyen Burguet, entrepreneur de ces ouvrages, ont duré depuis le 19 vendémiaire, troisième année républicaine, jour du départ de Bordeaux, jusqu'au vingt-six dudit, époque du retour.

Lesdites dépenses consistent, savoir :

Provisions prises à Bordeaux, 50 bouteilles de vin à 30 sols	75 l.	» s.
Viande, œufs, fromage, fruits.	53	10
	128 l.	10 s.

Dépenses à l'auberge de Royan, pendant le séjour de trois jours. . . . . 183 l. 4 s.

Dépenses de vivres et de chevaux du jour de la visite de la tour de Bonne-Anse, à 4 lieues de distance de Royan; avoir avec nous le citoyen Gibouin, officier de marine, et plusieurs pilotes, pour fixer l'établissement de la tour en pierre à faire : vivres. . . . . 50 »
chevaux . . . . 30 »
263 4 s.

Pour la chaloupe qui a conduit à Royan et Cordouan, et ramené à Bordeaux. . . . . 153 »

TOTAL. . . . . 544 l. 14 s.

Bordeaux, le dix frimaire de l'an troisième de la République francaise.

(Signé :) BURGUET.

CHARTE de fondation du prieuré de Saint-Nicolas de Royan.

Bibliothèque municipale de Bordeaux. Petit Cartulaire de La Sauve, page 120.

1092.

Actum... in ipso Rugiano (Royan) castello, presente domno Stephano abbate et heremita de Cordano insula.

RECUEIL de poésies latines en l'honneur de la tour de Cordouan par les Jésuites de Lyon, en 1664.

Bibliothèque nationale. Réserve, M. YC. 922, pièce 17.

1664.

TURRIS CORDUANA

Ad Garumnæ fauces, in insula Antro, a tribus olim regibus extrui cœpta, nunc demum, jussu et auspiciis Ludovici XIV, regis christianissimi, fæliciter exædificata. Opus accurante Joanne Baptista Colbert, regi ab intimis consiliis, primario ærarii Gallici administro, regiorumque ædificiorum præfecto; structuram vero promovente, Claudio Pellot, libellorum supplicum magistro, reique civilis ac militaris per Aquitaniam inspectore.

Lugduni, apud Horatium Boissat et Georgium Remeum, MDCLXIV.

LA TOUR DE CORDOUAN

A l'embouchure de la Garonne, dans *l'île d'Antros*, autrefois commencée sous trois rois, aujourd'hui seulement terminée par ordre et sous les auspices du roi très chrétien Louis XIV, par les soins de J.-B. Colbert, secrétaire d'État, contrôleur général des finances et directeur des constructions royales, grâce à l'activité particulière de Claude Pellot, maitre des requêtes et inspecteur des affaires civiles et militaires en Aquitaine.

A Lyon, chez Horace Boissat et Georges Remeus, 1664.

Illustrissimo laudatissimoque viro : D. Claudio Pellot, regi ab sanctioribus consiliis, libellorum supplicum magistro, Aquitaniæ prætori, Horatius Boissat, et Georgius Remeus s. p. d.

Non possunt ea quæ splendide geris, vir illustrissime, fugere Lugdunenses tuos : quippe in luce totius regni posita, eorum in te præsertim

18

oculos advertunt, quibus fas est, ob patriæ communionem, laudum aliquam tuarum partem decerpere. Tua equidem apud Delphinates, Lemovicenses, Pictavos, Santonas, in rempublicam et avitas religiones præclara merita jampridem fama nunciarat; verum, ubi de turri illa Corduana, novo mundi miraculo, allatum est, cujus enormem substructionem a tribus regibus necquicquam hactenus tentatam, Ludovici XIV auspiciis tandem ad culmen perductam intuemur, una fuit popularium tuorum vox, ejusmodi hæc esse opera, quæ unius Ludovici animus concipere, tua unius, tam exiguo tempore, perficere posset industria. Quamobrem cum incidissent in manus nostras, paucorum e collegio Lugdunensi Societatis Jesu Patrum, in stupendæ molis illius commendationem, extemporaneæ quædam epigraphæ, eas prælo nostro commissas dicare tibi patriæ non ingratum putavimus, nobis certe in primis honorificum, quibus dudum erat in votis obsequii ac voluntatis in te nostræ publicam aliquam extare significationem.

Au très illustre et très honoré D. Cl. Pellot, conseiller d'État, maître des requêtes, intendant-gouverneur de l'Aquitaine,

Horace BOISSAT et Georg. REMEUS envoient tous leurs hommages.

Toutes les belles actions que vous accomplissez, très illustre Monsieur, ne peuvent échapper à vos Lyonnais, car, placées qu'elles sont sous les yeux de tout le royaume, elles attirent plus particulièrement sur vous les regards de ceux qui ont le bonheur, en qualité de compatriotes, de prendre part à votre gloire. Certes, tous les services rendus par vous en faveur de l'État et pour la religion de nos ancêtres, en Dauphiné, en Limousin, en Poitou et en Saintonge, la renommée depuis longtemps les avait publiés; mais dès qu'il fut question de cette tour de Corduan, cette autre merveille du monde, dont la gigantesque construction, essayée auparavant sous trois rois et enfin terminée sous les auspices de Louis XIV, il n'y eut qu'une voix parmi vos compatriotes pour reconnaître que de tels travaux l'âme d'un Louis peut seule les concevoir et votre propre activité seule pouvait les achever si rapidement.

Aussi lorsque tombèrent entre nos mains certaines pièces de vers improvisées en l'honneur de cette construction stupéfiante, par certains pères Jésuites du collège de Lyon, nous avons pensé qu'en vous les dédiant une fois imprimées nous faisions œuvre très agréable au pays, et principalement honorable pour nous qui souhaitions depuis si longtemps pouvoir donner quelque témoignage public et durable de notre déférence et de nos sentiments envers vous.

TURRIS CORDUANA

Siste hospes! stetit hic tellus, stetit hic quoque fracti
Indomitus furor Oceani : quas surgere moles
Cernis, et impositas impostis arcibus arces
Murorumque minas, fastigiaque æmula nimbis,
Et pacis decora alta, et propugnacula bello,
Principis hæc numen cognata ad sidera tollunt,
Et famam ingentem factis ingentibus augent.
Hoc vallum patriæ, hæc injecta lupata Britannis,
Hoc pelago frænum est : hanc cœca per avia ponti
Accendis Lodoice facem, votisque vocari
Nautarum assuetus, et ventis et fluctibus actos
Colligis in portum melior, serosque nepotes
Esse tui memores longe facis ante merendo.
Scilicet hoc alii tentarunt sæpe quod audes,
Sed satis his tentasse fuit; tibi posse quod optas
Innocui mores et fata secunda dedere.
Quam saxa ista diu mansuro in littore surgent,
Tam Lodoice diu te muta hæc ora loquentur,
Borbonium ferent peregrina ad littora nomen.
Nec te, quando licet, nec te Colberte silebunt
Tantorum ductorem operum, dum fidus et acer
Pro rege et regno curas te flectis in omnes ;
Te quoque præfectum rebus Pellote gerendis
Postera sæcla canent, hortatoremque laborum.
Æquate æternis pia numina Principis ævum
Molibus, atque orbem servate in Principe totum.

PETRUS DANGALIERRES A.

LA TOUR DE CORDOUAN

Étranger, arrête ! Ici s'arrête la terre, ici s'arrête aussi l'indomptable fureur de l'Océan. Par cette construction colossale, vraie défense militaire, le nom du Prince s'élèvera jusqu'aux astres. C'est le rempart de la patrie, un piège dressé contre les Anglais, une digue contre la mer. D'autres que Louis avaient essayé ; lui seul a pu réussir. Tant que dureront ces rochers, ils répéteront le nom de Louis et la gloire des Bourbons. Ils répéteront aussi celui de Colbert, tout entier à son roi et à l'État. La postérité n'oubliera point ton nom, ô Pellot, toi qui as dirigé et encouragé les travaux.

P. DANGALIÈRES A.

MOLES NOVA AQUITANICA

Montibus hæc æquata pharus, quam suspicis hospes,
Quam refluus pavet Oceanus, quæ prisca Britanni
Consilia interimit, quam demiratur Iberus,
Æquum aditum ratibus, nimborum e vertice summo
Per nigras hyemes, per mille pericula pandit,
Syderaque ostentat non interitura carinis.
Hoc totum, Lodoice, tuum est, teque auspice dignum
Te quoque nostra sonant, Colberte, hæc saxa ministrum
Æternum redivivi operis; monumenta laboris
Hæc quoque sunt, Pellote, tui. Felicia secla!
Queis datur hæc tante sub principe tanta tueri!

LA NOUVELLE DIGUE D'AQUITAINE

Ce phare, aussi élevé que les montagnes et qui fait reculer l'Océan, qui déjoue les vieux projets de l'Anglais et qui stupéfie l'Espagnol, offre un accès aux navires en les éclairant toujours, C'est ton œuvre, ô Louis, ton œuvre aussi, ô Colbert; c'est un témoignage de ton labeur, ô Pellot. Heureux les siècles qui peuvent voir de si grandes choses sous un si grand roi.

Aliud.

Nocturnum hunc ratibus tenebrosa per æquora solem
Maximus eximio Ludovicus munere ponit.

IDEM.

Autre chose.

Ce soleil de nuit au milieu de l'obscurité des flots, c'est le grand Louis qui l'offre généreusement aux vaisseaux.

DU MÊME.

PHARUS CORDUANA

Quæ caput attonitis pene inferit ardua turris
Sideribus, vigiles prætendens puppibus ignes,
Illa trium scopulus regum, sterilisque laboris
Tentamentum ingens, donec volventibus annis
Præberes operi curas Colberte secundas,
Tu Pellote animum, meliori debita regno
Stat nunc perpetuæ signum memorabile famæ.
Ære alii spirent, grandi seu marmore vultus
Heroum; major Lodoicum poscit imago,
Hoc duce quod vincit veterum molimina regum
Gallia, quod doctas latio non invidet artes,
Qui Madagascareis victricia lilia fixit
Littoribus, qui consilio metuendus et armis
Et maris et gemini late viget arbiter orbis.
Hæc si nulla satis poterant exculpta referre
Marmora, si regem finxissent æra minorem,
Quantus erat, forsan moles hæc vasta loquetur.

JOANNES BERTET.

LE PHARE DE CORDOUAN

Cette tour, qui élève sa tête jusqu'aux astres en éclairant les navires, fut inutile-
ment essayée par trois rois jusqu'à ce que Colbert en favorisât les travaux et que
Pellot y mit toute son âme. Après les succès de Madagascar, cette gigantesque
digue redira quelle était la grandeur de notre roi.

Jean BERTET.

In idem argumentum.

Quam procul hesperio luctans in marmore cernis
Nauta, gigantæo structam molimine turrim
Sollicitos timidis ostendere navibus ignes :
Non Helenæ fratres, præsentia numina ponto,
Æquoreum non ipse tenet qui sorte tridentem
Rex undarum, ingens ingentem ad sidera duxit.

Major agit Deus, haud tantis conatibus impar.
Hæc Ludovici decus est et gloria moles
Invidiosa polo ; terram lustrasse triumphis
Non satis est, placidasque orbi componere leges :
Illum etiam pelagi, tempestatumque potentem
Fata volunt, cujus nomen colat ultima thule,
Qui gemini Francis referet commercia mundi.
At te, quæ tantis proludis machina curis,
Non præceps boreas, non fulmina tangent,
Non rabidæ insanis vincent latratibus undæ,
Nam tibi concedet regis fortuna, superbo
Temporis imperio, sævisque illudere Parcis.

Albertus DAUGIERES.

Même sujet.

Cette tour que tu aperçois, navigateur, offrant sa lumière aux navires, ce ne
sont point les frères d'Hélène ni le roi des Ondes qui l'ont élevée jusqu'aux cieux.
C'est la gloire de Louis. Elle favorisera le commerce des deux mondes. Et toi,
ô tour, tu n'as rien à craindre : la bonne fortune de notre Roi te fera vaincre le
Temps en te raillant des Parques cruelles.

Albert DAUGIÈRES.

TURRIS CORDUANA

Stat tandem augusti moles operosa colossi
Auspiciis perfecta tuis, Lodoice, stat ingens
Ara celebratæ per fœdera pacis, amoris
Invicti monumentum ardens, Martisque sepulti
Feralis pyra, et exacti meta ultima belli.
Tanti operis quondam tentati gloria ternos
Insignes dederit grandi molimine reges,
Te supremum apicem regum, Lodoice, decebat
Tantæ laudis apex, operique adjuncta coronis :
Te decuit bello victis terraque marique
Hostibus, illustri portento jungere terras
Et maria, et claros in cœlum efferre triumphos

Accensa face, sydereas quæ lumine flammas
Exuperans densas toto aere dissipat umbras;
Ne lateat cœcis usquam obscurata tenebris
Gloria liligeri sceptri, noctesque diesque
Solis ad invidiam sub utroque effulgeat axe.
Fulgeat et, Colberte, tuum decus, ardua moles
Dum stabit, stérque (?) æternum tua fama, Pelotte,
Quorum ope immensis constructa est machina curis.

Stephanus Cropperivs.

LA TOUR DE CORDOUAN

Elle s'élève enfin par tes soins, ô Louis, cette tour grandiose. L'essai d'un tel travail aura illustré trois rois; le couronnement en revenait au plus illustre des couronnés. C'était à toi qu'appartenait, après tes victoires, l'honneur de relier la Mer à la Terre par cette merveille lumineuse, afin qu'éclatât la gloire du sceptre fleurdelisé, afin que resplendît aussi ta gloire, ô Colbert, et que s'éternisât ton nom, ô Pellot.

Étienne Cropperie.

GALLICÆ SYBILLÆ ORACULUM

Marmora si desint, levibus mandabo lapillis,
Quæ nostram memini nuper dictare Sybillam,
Magna super domito, cum surgeret æquore turris.
Accipit Oceanus legem, nec deinde laboret
Excutere, aut terris spumantem immittere pontum.
Phocarum hic agiles ludos, celeresque choreas
Delphinum aspicio, quoties, vertentibus annis,
Indica liligeris revehetur gaza carinis.
Sed juvat immanem quanta est conscendere turrim.
Hinc pelagus patet immensum, neque finibus ullis
Vitrea planities cernentum visibus obstat;
Aspice, ait quantum Lodoici navibus æquor
Concessere Dii, nec longum, mundus uterque
Lilia nostra colet supplex, cum littus et omnis
Insula victori discat mansuescere Franco.

Pignora si repetis, venturi pignora cerno,
Jam Batavi trepidare animis, jam classis Ibera;
Turris ad aspectum decedit littore toto,
Anglica summissis sternuntur suppara velis;
Me vatum ulterius prohibet contendere numen.
Quod licet : hæc turris, curis ingentibus acta
Pelloti herois, Themidis cui credita libra est,
Limes erit maris irati, post sæcula mille
Stabit mole recens, venturi deinde nepotes
Jactarent opus esse suum, si tanta sub omni
Fas rege, et cunctis fierent miracula sæclis.

Franciscus du Port.

L'ORACLE DE LA SYBILLE DE GAULE

A défaut des marbres, de modestes pierres rediront ce que dictait notre Sybille quand s'élevait, au-dessus des flots domptés, cette énorme tour.

L'Océan est soumis, qu'il ne cherche plus à se soustraire à cette domination. Je vois les yeux légers des phoques et les bonds rapides des dauphins, lorsque, chaque année, les galères du roi apportent les soies de l'Inde. Mais quel plaisir de faire l'ascension de cette tour! De là, c'est la mer immense; la vue n'a pas de limites. Voyez, cette tour vous dit toute l'immensité réservée par les dieux aux vaisseaux de Louis. Voulez-vous quelque chose de l'avenir? Déjà le Batave frémit d'épouvante; la flotte espagnole recule à la vue de cette tour; l'Anglais replie ses voiles. Je ne puis en dire plus long; mais cette tour, construite par les soins du grand Pellot, qui tient en ses mains les balances de la Justice, sera une limite au courroux des ondes. Dans mille siècles, elle sera debout et nos descendants pourraient peut-être alors s'en attribuer la gloire, si de tels travaux étaient possibles sous tous les rois et dans tous les siècles.

Fr. du Port.

IN TURREM CORDUANAM

Cernis ut audaci sublimis vertice turris
Pyramidum juga despectet! memorata Canopi
Ipsa pharus cedit; molem stupet æmula Memphis
Aeriam, metuit Rhodius certare colossus,
Aut se ferre pares Alcidis utrinque columnæ,
Quo proram cumque advertat, seu navita pontum

Arctoum sulcet, brasili seu marmoris undas,
Sive mari Occiduo, seu fluctibus erret eois,
Extantis longe turris spectabit amicas
Nocte faces; nova Borbonio quæ sidera cœlo
Iradient. Erit illa vagis cynosura carinis,
Et Lodoicæ monumentum nominis ingens;
Dignum cui gazas ferat Indus supplice prorâ,
Cui Batavus dives, cui Belga, Britannus, Iberus
Accidat, et totum famuletur classibus æquor.
Pellæi in statuam regis temerarius olim
Stasicrates tentarit Athon incidere! sola hæc
Ilicet haud impar Lodoico regia moles
Surgit, et ut vasto premit istinc pondere terras,
Imminet hinc late ponto, illinc aurea tangit
Sidera, sic gemino Rex aspectabilis orbi
Astra tenet, subigit terras, dominatur et undis.

Elzærius LARDERAT.

POUR LA TOUR DE CORDOUAN

Voyez comme cette tour élevée dépasse les sommets des Pyramides! Le phare même de Canope, si vanté, est dépassé; Memphis s'étonne et le colosse de Rhodes redoute un tel rival; les colonnes d'Hercule sont dépassées. Tous les navigateurs du monde regarderont, la nuit, sa lumière amie : ce sera pour les navires une nouvelle constellation, un monument de gloire pour Louis...

Elz. LARDERAT.

INSCRIPTIO TURRIS CORDUANÆ

Qua vehit Oceano vada vectigalia stumen
Ambitiosa vides, ferientia vertice nimbos
Tollere saxa caput, stellisque propinqua minari
Fata reservarunt Lodoico scilicet uni
Molibus, audaces quas vix fundasse parentes
Sustinuere olim, supremum imponere culmen,
Proxima cognatis miracula condere divis,

(Quodque nefas aliis) propius succedere cœlo.
Provida Colbertus dum sufficit aera labori
Intendensque animum Pellotius impiger instat,
Surgit opus quod fama recens, Lodoice, loquetur,
Et ventura tibi æternum dabit esse trophæum,
Invida, quod nunquam tentat temerare vetustas,
Sed velit immotum stare, et contemnere ventos.
Suspiciet quondam tam grandia cœpta juventus,
Ex mole hac animos Regis reputabit, et illum
Sic alios dicet vicisse heroas, ut istam
Conspiciet reliquas superare cacumine turres.

GASPAR JOSEPHUS **CHARONIER**.

INSCRIPTION DE LA TOUR DE CORDOUAN

Les Destins réservaient à Louis de couronner l'édifice dont les fondements avaient été précédemment jetés avec tant de peine par ses prédécesseurs. Et le zèle de Colbert et l'activité de Pellot élèvent ce monument de gloire pour Louis. Plus tard, la postérité admirera cette œuvre colossale; elle jugera par elle de notre Roi, et, de même qu'elle dira qu'il est supérieur aux autres héros, elle verra aussi que cette tour dépasse toutes les autres tours.

G. JOS. **CHARONIER**.

FATUM TURRIS CORDUANÆ

Olim aggressa, nefas! superis detrudere regnis
Cœlicolum gentem, bellumque inferre Tonanti,
Montibus imposuit montes Titania pubes;
At Pater omnipotens sceleratam e nubibus arcem
Et conjuratos irato turbine fratres
Dejecit, necdum pœnam explevere nocentes.
Extulit immanem Lodoicus ad æthera turrim,
Quam nulla horrisonis Cyclopum educta caminis
Æquarit moles, non altæ Pelion Ossæ
Impositum, neque propterea micat ignibus æther,
Aut vetat audaces ad cœlum accedere Francos.
Nec mirum, affectat Lodoix commercia cœli,

Non petit imperium, et superis se sedibus infert,
Unde genus duxit per tot miracula rerum.
Quod si vicinis quidquam subducat ab astris,
Non renuente Deo, pulcrum furabitur ignem
Quo regat errantes immenso in gurgite naves,
Et moneat tutæ proras advertere ripæ,
Japetide meliore, qui raptam ex æthere flammam
Gentibus heu miseris dedit illætabile furtum :
Hinc namqua efflictis febres incumbere terris,
Hinc properæ mortes, et labes prima malorum.
At Lodoicæis fas est nil tale vereri
Ignibus, hos late supplex Neptunus adorat,
Hos metuunt scopuli, demiranturque procellæ,
Et sua servati compellant sidera nautæ.

ALBERTUS DAVGIERES C.

DESTINÉE DE LA TOUR DE CORDOUAN.

La race impie des Titans essaya jadis de précipiter les dieux du haut du ciel et
de lutter contre Jupiter. Elle entassa montagnes sur montagnes. Mais le père tout
puissant renversa et la citadelle et les ennemis conjurés qui n'ont pas encore
achevé leur châtiment. Louis élève jusqu'aux cieux une tour colossale qui dépasse
tout ce qu'ont produit les forges des Cyclopes et qué ne vaut pas même Pélion sur
Ossa. Louis recherche le commerce avec la divinité. Il dérobera un feu admirable
qui dirigera les navires, et ce feu sera impérissable.

Alb. DAUGIÈRES.

In idem.

Fulmine quid cessant Superi convellere turrim
Insertantem astris caput, et sublime minantem?
An quia desperent tantas exscindere moles;
An quia nubigenis fornacibus altior exit,
Ætherei Cyclopes ubi sua fulmina cudunt?
Hoc tituli, Ludovice, tui meruere, nec ulli
Aut afflare ignes, aut lambere fulmina possunt;
Et sacros apices, et habent tua nomina lauros.

Non impune tamen tanta incœptasse licebit,
Sed veteris turris repetita exempla redibunt,
Mundo utrique iterum populis fœcunda colonos
Gens eadem dabit, atque iterum divortia vocum ;
Nam Gallis studium pelagi venit ; omnibus oris
Sydere Borbonio, circum maria omnia vecti,
Et regis titulos, et grandia lilia ponent,
Nec quisquam Francorum animos avertere tendat,
Sic Superi, sic facta jubent, nec justius unquam
Decrevere Dii, pœnam meruisse fatemur.

FRANCISUS DU PORT.

Même sujet.

Pourquoi le ciel cesse-t-il de frapper de sa foudre cette tour menaçante? Désespérerait-il de détruire de pareilles contructions, ou bien dépasserait-elle les forges célestes où les Cyclopes de l'air forgent leurs foudres? C'est à toi, Louis, qu'elle doit d'être garantie contre le feu du ciel. Le goût de la mer vient aux Français. Sur tous les points, guidés à travers les océans par l'étoile des Bourbons, ils iront célébrer les exploits du Roi et planter les fleurs de lis.

Fr. DU PORT.

LUDOVICUS TERRARUM ET OCEANI POTENS

Ipsa Ludovici ne curis unda careret,
Atque alter paribus regeretur legibus orbis,
Hæc ratibus late est moles imposta regendis,
Sternere quæ insanos fluctus, ac dira frementes,
Et posset faciles præbere adeuntibus oras.
Terrarum potitur Lodoicus nempe : liquentes,
Mirare, imperium si nunc affectet in undas,
Et sævi maris esse potens, nautisque vocari.
At geminum ut solus teneat mare (fama ferebat
Hic fluctus siquidem vix jussa audire rebelles)
Horridus ad fines nunc est quod fulminat Afros,
Imminet et totus Lybiæ. Sed fulmina mitte,
Pone iras, a terrigenis, gens dura, vereri

Quod tuum erit ponto, quondam Neptunia discet;
Si qua ratis sacris tantum aurea lilia proris
Præferet, exibit deinceps intacta procellas,
Huic sinus, huic omnis statio bene fida carinæ.
Sic immensi operis, quæ certat turris Olympo.
Non classes reget illa tuas; verum extera si quæ
Luctatur ratis in ventos, huc vertere cursus
Monstrabit, terram hanc te regnatore teneri :
Si lacera, atque diu jam terris omnibus acta,
Hic rebus posse afflictis sperare salutem,
Compositæque frui securam munera pacis.

Petrus GESSE.

LOUIS, MAITRE DE LA TERRE ET DES MERS

Afin que les eaux ressentent les travaux de Louis et que les deux mondes reçoivent les mêmes lois, ce phare s'élève destiné à arrêter la fureur des flots et à offrir un accès plus facile aux navigateurs. Louis s'empare de l'univers... C'est ici un refuge, un abri sûr pour les vaisseaux.

P. Gesse.

Aliud in eandem pharon.

Quisquis ab occiduo spectas procul æquore turrim
Flecte coronandas patefacta ad littora puppes,
Nec vada cæca time, nec saxa latentia circum;
Cernere dat scopulos, syrtesque, et fluminis oras
In tenebris accensa pharus; nec certior ulla est
Stella tibi, non sicea Helice, non Castoris ignes.
Conamentum ingens, et desperata tot annis
Cœpta uno potuit Lodoix absolvere nisu.
Hanc tamen Herculei metam ne crede laboris,
Gallicus imperio fines, nec tempora ponit,
Ulterius quo tendat habet, nova lilia tellus
Atlantæa feret, feret India, et ultima Thule.
Imperiis docuit fluctus parere coactos,
Ut pateant alii signis victricibus orbes,

Et gravidæ redeant peregrinis mercibus alni.
Sic dum sepositas longinquo in littore gentes
Ad sua jussa vocat, gemini commercia mundi
Instaurat, nec pace sini sua regna veternum
Ducere, nec rerum vacuas consumere vires.
Interea impositam stupet unda coercita molem,
Impatiensque premi circum nova claustra remugit
Nereus, et tumidas late despumat in iras.
Arx immota minas videt, insanumque laborem
Despicit, et secura sui se nubibus infert.

CLAUDIUS FRANCISCUS MENESTRIER.

Autre chose sur le même phare.

Ce phare, allumé dans les ténèbres, permet de voir les écueils, les bas fonds et les rives du fleuve; il n'est point d'étoile plus sûre. Cette grande entreprise, dont on désespéra si longtemps, la seule intervention de Louis a pu la mener à fin.

Cl. Fr. MENESTRIER.

IN PHARUM CORDUANAM
(SILVA)

Dardanidum turris cœlo, per inane, cacumen
Intulerit, curis sudata bilustribus olim,
Arx tamen illa, sui bustum jacet atque cadaver.
Pyramidas fertur struxisse Ægyptus, Olympo
Æquatas, labor Herculeus statuisse columnas
Insultare Diis visas, molimina tempus
Tanta solo vertit, quin et pharus alta Canopi
Quæ radice stygem, quæ sidera fronte premebat,
Quæque gigantæis ducta in sublime lacertis
Imperiosa minas superum jactabat in ædes
Machina, nunc levis est cinis, ac ignobile rudus.
Quæ modo de ingenti, superant magalia nisu,
Nobile opus produnt quondam ut surrexerit alte,
Cui jam prostrato manet unis fama ruinis.

At procul attonitus monstris, quam respicis astris
Insertare caput turrim, peregrinus ad oram
Obvertis quicunque ratem; melioribus acta
Auspiciis, ponti ridet secura latratus
Intemerata vigens, ventis et nescia vinci
Fulminibus, veteres vincat quod sola labores.
Ingratis sedenim superis, avibusque sinistris
Hæc homines posuere; Deus, Deus alite dextra
Erigit hanc grandi conamine, cujus et Ossa
Pelion et Taurus depresso vertice montes
Suspiciant pavidi, minitans et culmen adorent;
Quæ nunquam lapsura potest obsistere contra
Annorum invidiam, legesque exscindere fati,
Sit dubitare nefas, cœptis fastigia ponens
Rex hominum Lodoix æternat, numine tanto
Quæ juga se sursum tollunt, invicta furorem
Despiciunt tonitru telumque imbelle retundunt.
Arbiter ille soli, superum cura una Deorum,
Orbis spes et amor, post stratos cladibus hostes
Atque triumphatos Belgas, spoliumque leoni
Detractum et prædam pardo, pennasque revulsas
Armigeræ volucri, post gentem sole perustam
Ejectam laribus, domitique ferocia Turcæ
Pectora famoso late labefacta triumpho,
Oceano sceptrum, nomen qui finit in axe,
Cunctaque propulsat populis discrimina, magno
Major Alexandro, Ptolemæis clarior ipsis;
Viribus Alcides, timeat cui Cynthius armis
Certare, exuviis pollens, hanc excitat imo
Æquore congeriem saxorum; navita multis
Quo distans spatiis pinus appellat ovantes;
Quodque prius nullis aperit sulcata carinis
Marmora Francigenæ pubi; decet omine fausto
Accendisse faces; tam claro lumine fœtas,

Ut qua quisque salo dubiis in fluctibus erret,
Extantes cernat per cæca silentia flammas.
Ignibus hic excita procul plebs incola zonæ
Tergeminæ, festina tuæ se subdere legi
Diriget huc proras, unumque coibit in agmen
Japonius, Brasilus, Sinensis, et Aser, et Indus
Sic vice felici, gentes Babylonius ausus
Quas varias linguis oras dispersit in omnes
Imperiis, Rex magne, tuis, hæc æmula moles
Congregat et Francis docet illas vocibus uti.
Sic dux unus erit, populis vox omnibus una,
Carpere, sorte pari, rabies Saturnia nunquam
Sic ut nulla tuam poterunt oblivia famam.
Sæviet in lapides, tua quos Fortuna sacravit.
Dum polus incipiet ruptâ compage labare,
Et chaos antiquum repetent elementa,
Fœdere, perpetui durabunt pignus amoris
Restaturum etiam fracti post mundi.

GASPAR-JOSEPH CHARONIER.

FINIS.

POUR LE PHARE DE CORDOUAN

MÉLANGE

La forteresse des Troyens a disparu; les colonnes d'Hercule n'ont pas été respectées par le Temps; le phare de Canope n'est plus que poussière. Cette tour, au contraire, doit durer, résistant aux années.

Le roi Louis éternise ces constructions indestructibles. Lui, plus grand que tous les héros, fait sortir du sein des ondes cette masse rocheuse qui dirigera les navires; ses feux seront aperçus du navigateur en pleine obscurité. C'est l'œuvre du grand roi, œuvre qui survivra à l'anéantissement du monde.

G. JOS. CHARONIER.

FIN

PROCÈS-VERBAL de l'état des murs de la ville de Bordeaux par Louis de Foix, ingénieur du Roi.

Archives municipales de Bordeaux, série EE, carton n° 218.

L'an mil cinq cent quatre-vingt-trois, et le onziesme jour du mois de jung, en la ville et citté de Bourdeaulx, nous, Loys de Foix, vallet de chambre et ingenieur du Roy, par commandement de monseigneur de Matignon, mareschal de France et lieutenant pour Sa Majesté en Guienne, nous sommes transportés en compagnie de MM. les Juratz de la présente ville nommez : M. d'Alesme, M. Reymier, y assistant le cappitaine du guet, avec les gardes, et de Jehan Le Houx, maistre des réparations de ladicte ville, pour voir et visitter l'enclos et muraille d'icelle pour le dehors. Ayant trouvé en plusieurs et divers lieux que la muraille dudict enclos tombe en ruyne et decadance dans le foussé de ladicte ville, ce que annuellement l'on faict reparer les bresches qui y surviennent, d'aultant que la ville deviendroict ouverte sy n'estoit promptement remedié, et parce que lesdictes murailhes ne sont esté bien fondées du temps passé, est la cause pourquoy elles tombent en ruyne de jour à aultre, par l'inconvenient aussy de n'avoir l'espoisseur et talus requis pour supporter le fardeau de terre-plain par dedans la ville, à quoy remédier : lesdictes bresches que l'on faict reparer sont à present bien fondés et d'espoisseur suffisante, estant necessaire continuer lesdictes reparations en plusieurs et divers lieux à l'entour dudict enclos de la ville, combien que il y a tel pan de mur qui contient cent ou six vingts toises de long d'une tour à aultre et quasy tout le circuict de ladite ville est ainsy, puis le boulevart Saincte-Croix jusques au chasteau Trompette, lesquels lieux y a à reparer pour beaucoup d'années sans que l'on puisse laisser l'œuvre, aultrement ladicte ville demeureroit ouverte. Ce que nous certifions au Roy, nos seigneurs de son Conseil d'État, et tous aultres qu'il appartiendra.

Faict audict Bourdeaulx, ce treziesme *(sic)* jung, audict an que dessus.

(Signé :) LOYS DE FOIX.

LETTRE du ministre de la marine de Sartine au maréchal duc de Mouchy, concernant l'établissement d'un port à Arcachon.

Archives municipales de Bordeaux, série DD, carton 201.

A Versailles, le 30 janvier 1779.

C'est en effet de mon aveu, Monsieur le Maréchal, et avec la participation de M. le Directeur général des finances que M. le baron de Villers, ingénieur dans mon département, a été chargé de la vérification d'un projet donné précédemment par un négociant de Bordeaux, pour l'établissement d'un port à Arcasson, et l'ouverture de deux canaux de communication avec ce port, celui de Bordeaux et Bayonne. D'après le compte que cet ingénieur m'a rendu de ses premières opérations, il paroit persuadé de la possibilité de l'exécution de ce projet. Les avantages qu'il offre pour la province et le commerce ne m'ont pas permis de négliger de m'assurer de cette possibilité, et c'est à cette fin seulement que j'ai donné ordre à M. le baron de Villers de continuer ses opérations. Quant à l'exécution, s'il en était question, ce ne pourroit être que dans un tems plus calme ; au surplus, le corps de ville de Bordeaux auroit pu être informé de la mission de cet ingénieur par M. l'Intendant de la province à qui M. Neker a du en écrire, suivant que j'en étois convenu avec lui, et je serai très aise, Monsieur le Maréchal, que vous veuilliez bien vous-même en prendre connoissance.

Je suis bien reconnoissant de l'almanach maritime que vous me destinez, et j'apprends avec plaisir les succès des deux corsaires qui portent votre nom et celui de Mme la vicomtesse de Noailles.

J'ai l'honneur d'être, avec un très parfait et inviolable attachement, Monsieur le Maréchal, votre très humble et très obéissant serviteur.

De SARTINE.

A Monsieur le Maréchal duc de Mouchy.

VISITE des passes d'entrée du bassin d'Arcachon.

Archives départementales de la Gironde, L. 861. Tour de Cordouan.
Communiqué et transcrit par M. Gustave Labat.

————————

Procès-verbal de visite pour la passe d'entrée du bassin d'Arcachon et des balises, établies sur une dune de sable, pour diriger l'entrée des barques de pêcheurs et autres bâtiments par la passe dite Sud.

Je soussigné, sous-ingénieur des ouvrages des ports et arsenaux de marine, servant au port de Bordeaux, en vertu des ordres de monsieur Prévost de la Croix, commissaire général des ports et arsenaux de marine, ordonnateur au département de Bordeaux et Bayonne, je me suis transporté sur la barre d'entrée du bassin d'Arcachon, dans une chaloupe de pêcheur armée de douze hommes, avec monsieur Garat, contrôleur de la marine au port de Bordeaux, monsieur Rommefort, commissaire des classes à La Teste, accompagnés par les sieurs Léonard Dignac, suppléant du syndic des gens de mer, Alexandre Pontac, ancien maître de barque de La Teste, et Gabriel Lasserre, pilote de chaloupe de pêche, à l'effet de vérifier la passe, examiner la position des balises actuelles et aviser aux moyens de les rendre plus utiles pour la navigation.

Nous sommes partis de La Teste le samedi 19 mai 1792, à 4 heures du matin, le ciel étant serein, point de vent, l'horizon brumeux, mais la mer très belle, nous nous sommes rendus à la cabane du coin du sud, auprès des balises, et de là nous nous sommes dirigés du côté de la mer, suivant la direction de la passe des bâtiments, pour examiner la place la plus favorable à l'établissement d'une grande balise, et enfin réembarqués à 9 heures du matin pour parcourir la passe, où étant par un calme plat, nous avons trouvé les 22 pieds d'eau de basse-mer indiqués par le procès-verbal des sindics, maîtres de barque et pilotes, du 10 mai 1792; mais nous avons trouvé aussi des lames de dix à douze pieds de hauteur sur cette barre, ce qui réduit à 16 pieds entre deux lames les 22 pieds mentionnés au susdit procès-verbal.

Sortis de la passe, à une encâblure de distance, par neuf brasses d'eau, nous avons trouvé la mer extrêmement belle, nous nous sommes laissés dériver jusqu'à 11 heures du matin, en observant que les courants nous portoient au sud-ouest; le suppléant du sindic, le capitaine et le pilote nous ont observé qu'au premier jusan, les courants avoient leur direction au ouest-sud-ouest, et que depuis le demi-jusan jusqu'à la basse-mer, ils suivoient constamment la direction du sud-ouest.

Nous avons observé que pour être au milieu de la passe, il falloit ouvrir à l'est-quart-sud-est la balise la plus éloignée, de la largeur de trois voiles de chaloupe l'une de l'autre; portant le cap à l'est-quart-nord-est, nous avons remarqué que les courants de flot se dirigent à l'est et est-quart-sud-est, en entrant depuis le premier flot jusqu'à la pleine mer, et que le mouvement général de la mer que les marins désignent sous le nom de la mer de fond, viennent toujours sous la direction de ouest-nord-ouest; ces lames de fond se brisent sur les battures du nord, enlèvent du sable et poussent continuellement la passe du côté du sud, jusqu'à ce qu'elle soit réduite à n'avoir que 12 à 14 pieds d'eau de basse-mer, et à devenir, par conséquent, très mauvaise, non seulement à cause du peu d'eau qu'elle contient alors, mais encore à cause de sa direction, qu'un navire ne peut prendre que très difficilement, vû la rapidité des courants, qui le portent sur les battures du sud où il se perd; parvenus au point de détérioration, les courants partagent de nouveau cette barre contre les battures du nord, et alors cette passe devient à son premier état, et, par conséquent, praticable pendant quelque temps avec des vents portants.

Nous regrettons de n'avoir pas trouvé au bureau de la marine, ainsi qu'on auroit dû exiger depuis longtemps des capitaines et des pilotes de pêche, l'état des sondes de cette passe et sa direction reconnue à chaque équinoxe et à chaque solstice; ces renseignements nous auroient peut-être fixés sur la période du retour de la passe dans la position la plus favorable; mais ce qui nous est attesté par le capitaine susnommé prouve que cette période peut être de 15 à 16 années, l'ayant vue lui-même changée trois fois depuis 46 à 50 ans.

Nous avons observé en dehors de la passe que les lames ne s'élevoient pas de 4 pieds, que la mer étoit par conséquent très belle, comme nous l'avons dit, mais le pilote susnommé nous a observé que lors du ressac, la mer très grosse, l'élévation des lames en dehors de la passe étoit souvent de 18 à 21 pieds; elles doivent être plus considérables sur la barre, nous estimons que cette plus élévation doit être alors d'environ sept pieds, ce qui s'accorde avec l'estime du pilote, de sorte qu'alors il ne reste que 8 pieds d'eau sur la passe entre deux lames, d'où on doit conclure que dans une très grosse mer, il seroit impossible d'entrer au prime flot, sans périr corps et biens.

D'après les réflexions que toutes ces difficultés font naître, nous avons pris des renseignements pour savoir s'il s'étoit sauvé dans ce bassin, par des mauvais temps, quelque bâtiment de 500 tonneaux, nous n'avons trouvé personne qui en ait eu connoissance; on nous a dit seulement que le navire « le duc de Penthièvre », bâtiment de 500 tonneaux, de Bordeaux, commandé par monsieur Coussicot, il y a environ 40 ans, ayant perdu son gouvernail au large, s'étoit sauvé dans ce bassin à l'aide d'une belle mer et du vent nord-est petit frais, remorqué par plusieurs chaloupes de pêche. Depuis ce temps-là, il a été construit sur les bords de ce bassin, trois bâtiments depuis 200 jusqu'à 450 tonneaux, sortis au lest par un beau temps.

On observe encore que, pendant la guerre dernière, il est entré dans ce bassin trois ou quatre bâtiments marchands de 200 à 300 tonneaux, ayant de 10 à 12 pieds de tirant d'eau.

Si la passe restoit comme elle est aujourd'huy, il seroit possible, avec des vents portants, d'entrer, au demi ou aux deux tiers de flot, un bâtiment de 500 tonneaux, et elle seroit, par conséquent, très avantageuse pour tous les bâtiments inférieurs, ce qui sauveroit une quantité considerable de bâtiments qui se perdent à la côte, depuis Bayonne jusqu'à Cordouan.

En la supposant même aussi mauvaise qu'on l'a observée depuis 50 ans, elle seroit d'une ressource inapréciable pour les caboteurs, si les balises étoient plus apparentes que celles qui existent; nous disons qu'il faudroit deux balises à pouvoir prendre à peu près l'une par l'autre, et non une seule signalée par un pavillon, vu l'éloignement où il doit être aperçu et le peu de ressources que le pays offre pour la construction d'une tour à plate-forme à son sommet.

A l'égard de la place que ces balises doivent occuper, il sera très aisé de la fixer lorsque leur construction sera définitivement arrêtée.

De retour à La Teste, à 4 heures du soir, nous avons clos le présent procès-verbal que nous affirmons véritable dans toutes ses parties.

A La Teste de Buch, le 19 mai 1792, l'an 4ᵐᵉ de la liberté; et ont signé à l'original : MM. Garat, Rommefort, Leonard Dignac, Pontac.

(Signé :) TEULÈRE.

———————◦→◦⊰◦⊱◦←◦———————

LETTRE de l'ingénieur Teulère à M. Castaing, négociant à Montagnac.

———

Rochefort, le 30 ventôse an VIII (1799).

Citoyen et ami,

L'intérêt que vous avez toujours pris à moi me fait croire que vous apprendrez avec plaisir qu'il y a à la tête du corps dont je fais partie quatre directeurs, et que je suis le quatrième, suivant ce que m'a marqué un de mes collègues dans ces fonctions.

Cela a été arrêté par le premier consul le 16 de ce mois. Je n'ai encore rien d'officiel, mais on m'a annoncé, d'une manière positive, que mes trois collègues directeurs forment auprès du ministre de la marine le conseil des travaux maritimes, et que je ne pourrais pas, faute de résidence, être membre de ce conseil.

Ma résidence est fixée dans l'arrondissement de Rochefort, comme je l'avais demandé. En m'annonçant cette nouvelle, on dit qu'on a pensé que ce partage était ce qui était le plus convenable à ma position et à mes goûts. Cela est très vrai, car, ayant étudié pendant vingt-cinq ans la navigation aux attérages, j'ai à cœur de fournir un travail utile à l'humanité, en donnant aux navigateurs des renseignements positifs sur les passes à prendre et sur les écueils à éviter. Les marins jouiront bientôt de ma carte sur l'entrée de la rivière de Bordeaux, que le ministre fait graver aux frais du gouvernement, et dont il a décidé que mille exemplaires seront mis à ma disposition, pour marque de sa satisfaction de la perfection de mon ouvrage et pour me servir d'encouragement à employer, dit-il, mes talents à des objets qui présentent le même degré d'utilité et d'intérêt.

J'ai donc, comme vous voyez, l'agrément d'être à la tête d'un corps d'hommes très instruits, car, pour compléter celui dont je faisais partie dans l'ancien régime, on a pris les sujets les plus marquants dans les ponts et chaussées, c'est-à-dire ceux auxquels le ministre de l'intérieur avait confié les travaux des ports de commerce dans lesquels il y avait le plus de travaux d'art.

On peut dire que les trente-cinq sols que ma mère a payés à MM. Concaret et Dousset pour m'apprendre à lire, ont été bien employés, et que c'est arriver au but d'une manière bien simple et bien extraordinaire.

Lorsque je faisais et portais le mortier aux maçons Trie et Coulanges, je désirais devenir maçon, afin d'avoir le droit de demander du mortier à mon tour, mon ambition alors se bornait à cela.

J'appris à tailler la pierre, je vis un appareilleur qui venait me la tracer. Je formai dès lors le projet de devenir appareilleur, et comme c'était avec les compagnons que je pouvais apprendre ce qui m'était nécessaire, je me fis recevoir compagnon, et je commençai mon tour de France. Comme j'étais laborieux et sage, je fus bientôt placé comme appareilleur. Alors, voyant que les plans que je faisais exécuter étaient dressés par un architecte, mes idées se tournèrent de ce côté, et je me mis à étudier l'architecture. J'empruntai les livres nécessaires, et même j'en obtins plus qu'il ne m'en fallait. L'*Architecture hydraulique* de Belidor m'étant tombée sous la main, je voulus l'étudier; mais, dès la première page, je me trouvai arrêté, car, pour lire ce livre, il fallait savoir la géométrie et l'algèbre. Dès cet instant, j'entrepris tout seul d'apprendre ces deux sciences. Je partageai mon temps entre la conduite des travaux qui me fournissaient du pain, et l'étude de l'architecture, du dessin, de la géométrie et de l'algèbre. La nuit suppléait au temps que je ne pouvais y donner le jour. Ne trouvant pas en province, dans les parties que j'habitais, les ressources dont j'avais besoin, je me rendis à Paris, et, comme il fallait vivre, je taillais la pierre, et j'étudiais mon état contre cette même pierre pendant les heures de repas. Je trouvai enfin un sous-appareil, travail qui me fatiguait moins, et qui me permettait de suivre mes cours. Enfin, lorsque je crus pouvoir être bon à quelque chose, je sortis de Paris. A mon arrivée à Bordeaux, on me proposa de me charger des travaux de la tour de Cordouan.

La beauté de cet édifice qui menaçait ruine, sa position extraordinaire, et l'envie que j'avais d'être utile dans cette partie, me portèrent à fixer presque entièrement mon domicile dans cette tour. A force de vouloir me rendre raison de tout, je finis par m'apercevoir qu'il me manquait encore quelques principes dans les sciences exactes et transcendantes. Je sollicitai un congé pour aller passer un hiver à Paris.

A mon retour, je réfléchis que c'était un ingénieur de la marine qui m'avait fait obtenir cette place, et je résolus de devenir ingénieur de la marine. Je travaillai en conséquence. Les contradictions que ma demande éprouva, loin de me décourager, me portèrent à étudier avec la même ardeur. On commit l'injustice de me supprimer toute espèce de traitements et honoraires dans le temps que j'étais chargé des plus grands travaux. Je crus m'apercevoir qu'on se souvenait qu'il n'y avait pas longtemps que j'avais quitté le marteau, et que, par conséquent, je ne pouvais pas avoir les connaissances que supposent dix années d'études et dix mille écus de dépenses. Frappé de cette idée, je mis mes diverses observations en ordre; j'en composai plusieurs mémoires relatifs à divers objets utiles pour les arts et pour l'humanité. Je présentai deux de ces mémoires à l'Académie des arts de Bordeaux. Après l'examen et les formalités d'usage, je fus reçu membre de cette Académie. Cela ne suffisait pas pour détruire le préjugé que le défaut de première éducation avait jeté sur moi.

Je présentai deux autres mémoires à l'Académie des belles-lettres, sciences et arts de la ville de Bordeaux, qui me reçut également au nombre de ses membres, après l'examen et les formalités d'usage. Je me présentai à la Société du Musée de la même ville. On me reçut sans difficulté.

J'envoyai, comme cela se fait ordinairement, un projet de restauration de la tour de Cordouan, sans autre détail que le devis de la dépense. Ce projet fut lestement critiqué. Etant alors sans pain et bien convaincu que mon travail était bon, au lieu de me plaindre, je fis un mémoire raisonné et démontré mathématiquement, pour prouver que mon projet était ce qu'il y avait de mieux à faire. Ce mémoire fut accueilli, mes projets adoptés, et j'obtins enfin mon brevet d'ingénieur des ouvrages des ports et arsenaux de marine, motivé sur l'ensemble du travail im-

mense auquel je m'étais livré, concernant le surhaussement de la tour de
Cordouan.

Dès lors, je redoublai de courage pour étudier toutes les parties de
mon état. Je voyais, du haut de ma tour, malheureusement trop de
naufrages. Je formai le projet de m'assurer si les cartes en usage pour les
marins, dans cette partie, étaient bonnes. Pour cela, je m'exposai à périr
mille fois en parcourant les passes, visitant et relevant les écueils. Je fis
tout cela à mes frais, et je vis avec peine que les cartes en usage étaient
mauvaises. Je demandai à produire la mienne; le ministre garda le silence,
et ma carte est restée dans mon portefeuille jusqu'au commencement de
l'an VI, que le ministre l'a adoptée.

Dans l'ancien régime, le Conseil près du ministre avait décidé que le
port de Brest était ce qu'il convenait de me donner; mais la Révolution
étant survenue, tout cela fut perdu de vue, et la Constitution de 1791
ayant réduit notre partie à n'avoir que des sous-chefs, à moins de devenir
ingénieur-constructeur, comme la fierté de mon âme ne pouvait pas se
familiariser avec l'idée d'être toujours en sous-ordre, je dis que j'étais
ingénieur-constructeur, et je me mis à étudier en conséquence. On
m'envoya, suivant l'usage, des plans de cutters, de frégates; j'en fis le
tracé en grand, j'en fis passer l'adjudication, et je dirigeai le travail. Les
ingénieurs-constructeurs se plaignirent de cette disposition. Le ministre
m'ordonna d'avertir lorsque les bâtiments seraient montés en bois lord,
afin qu'un ingénieur-constructeur vînt les visiter; je répondis que je
verrais avec plaisir les ingénieurs qu'on enverrait pour visiter mon travail.

Le ridicule de la loi ayant été reconnu et l'abus supprimé, je repris ma
partie avec bien du plaisir, et de sous-chef d'administration de la marine
que j'étais à Bordeaux, on me fit passer à Rochefort pour remplacer
l'ancien ingénieur en chef; et il vient d'être décidé, le 16 du courant, que
je serai l'un des quatre directeurs des travaux maritimes de la République.
C'est, comme l'on dit, mon bâton de maréchal; mais j'avoue que je ne
l'attendais pas de sitôt, je le reçois donc avec plaisir.

Il suit de tout ce que je viens de vous dire qu'un homme bien organisé
fait à peu près ce qu'il veut, car il n'a qu'à monter sa tête et agir constamment en conséquence de ce qu'il veut être. « Faites donc sentir à vos

» jeunes gens qu'il ne faut que du courage et des mœurs pour devenir
» utile. » Vous n'avez pas un jeune homme dans Montagnac qui n'ait plus
de moyens que je n'en ai. Ils peuvent donc faire mieux que je n'ai fait. Je
désire que ma profession de foi soit utile au lieu qui m'a vu naître; mais,
en la communiquant, ne permettez à personne d'en prendre copie. Si elle
doit jamais être publique, je veux que ce ne soit qu'après ma mort.

Recevez mes remerciements et les sentiments de ma reconnaissance
pour les bontés que vous avez eues pour moi dans tous les temps, principalement dans mon bas âge, et comptez sur le respect et l'amitié de votre
concitoyen et ami.   (Signé :) TEILÈRE.

(Extrait du Vᵉ volume de la *Revue d'Aquitaine et des Pyrénées*, pages 88 à 92.)

TABLE CHRONOLOGIQUE DES DOCUMENTS

Bordeaux.—Imp. G. Gounouilhou, rue Guiraude, 11.

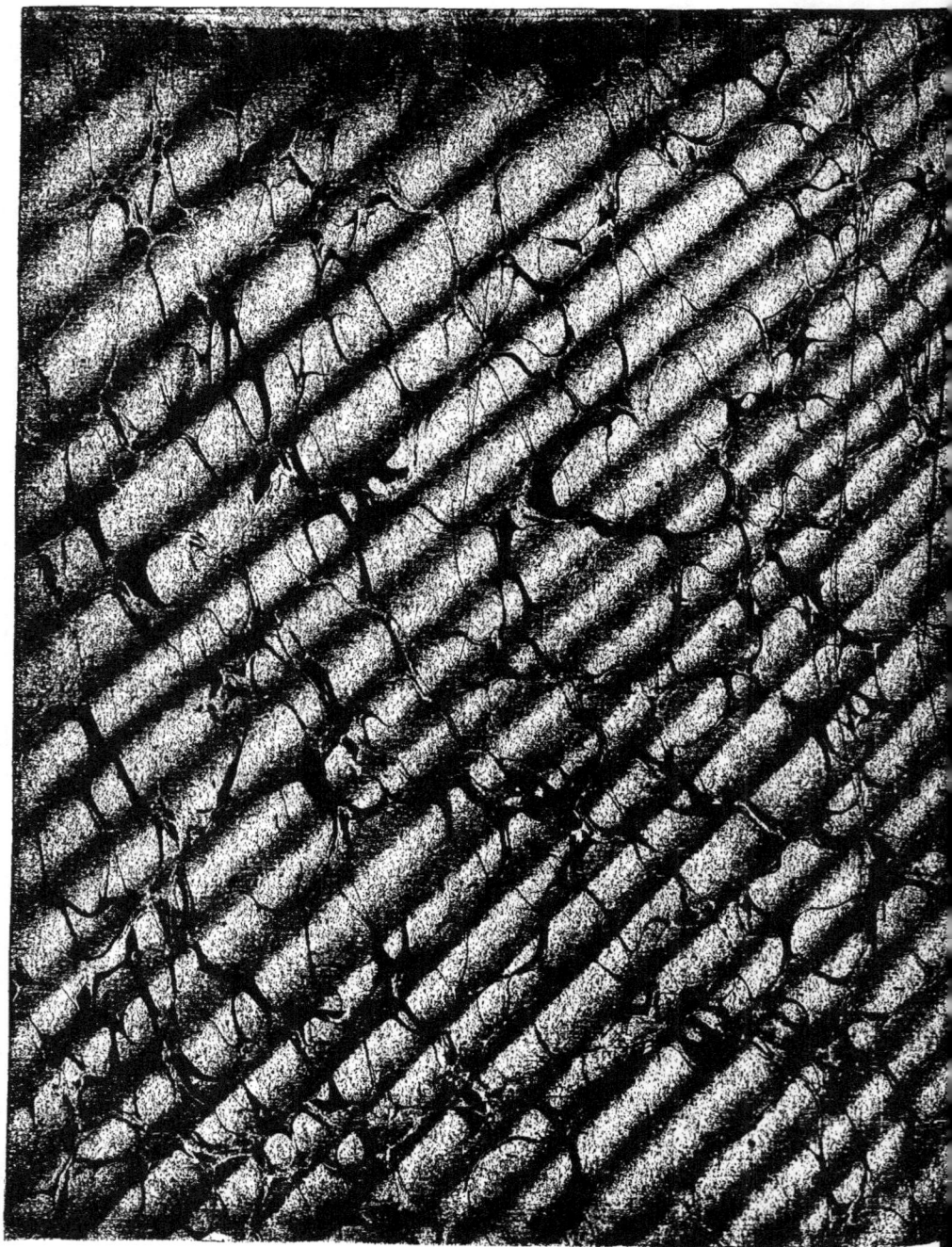

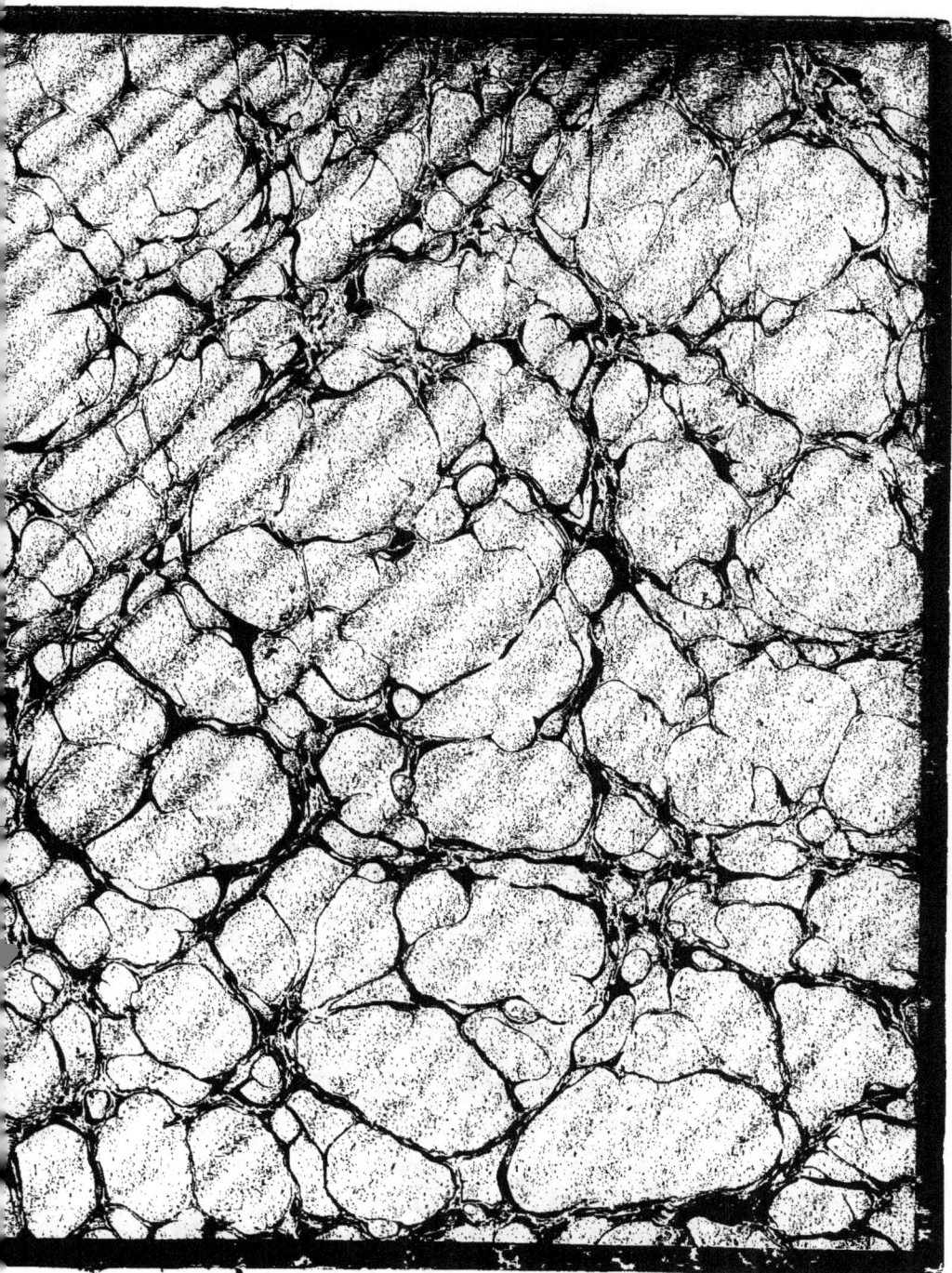

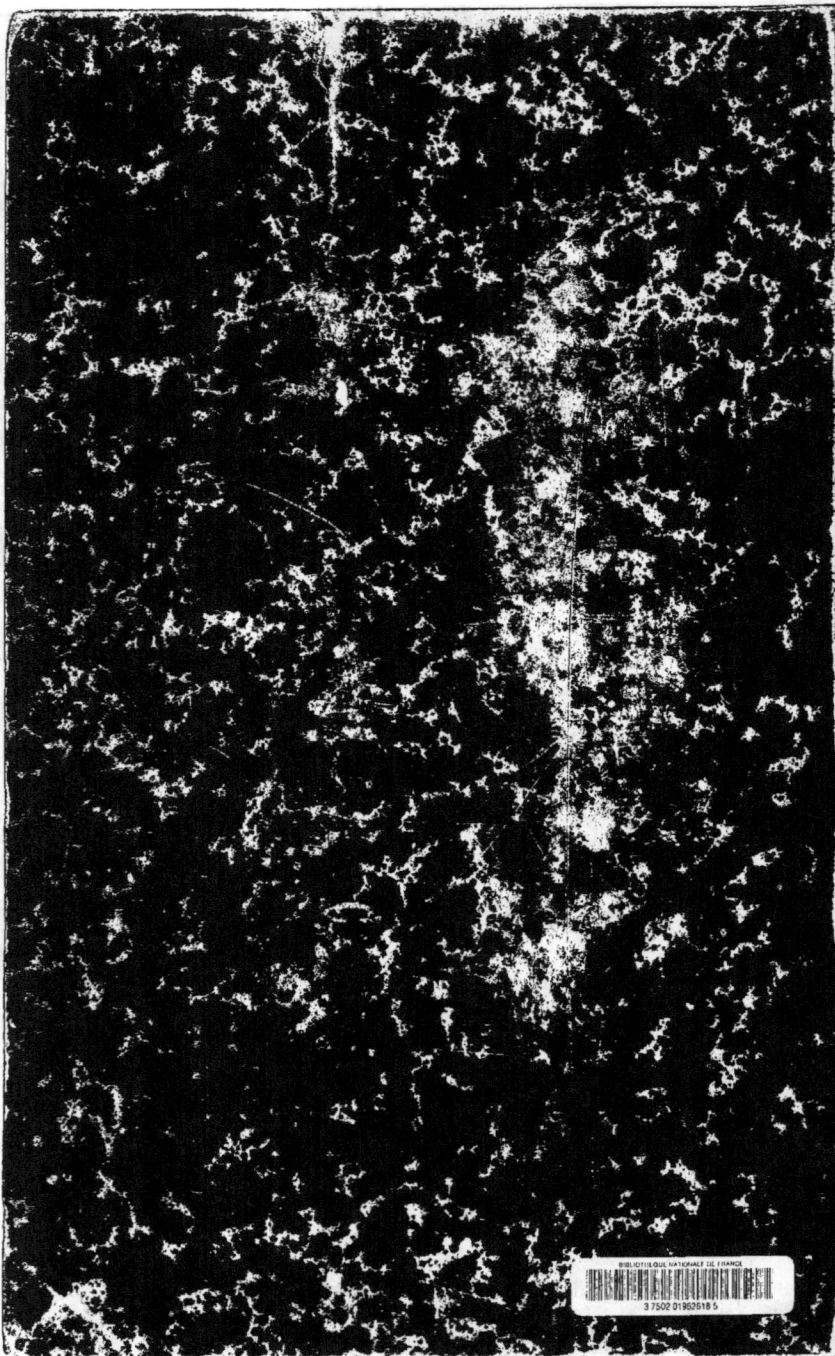